ミラクルラブリー♥

# 感《かん》動《どう》のどうぶつ物《もの》語《がたり》

編著♥青空　純

西東社

ミラクルラブリー♡
# どうぶつ写真館《しゃしんかん》

かわいいどうぶつたちのスナップ写真《しゃしん》を集《あつ》めたよ！
表情《ひょうじょう》やしぐさがとってもラブリー。
みんなもお気《き》に入《い》りのどうぶつ写真《しゃしん》があれば送《おく》ってね。
（くわしくは最後《さいご》のページの左側《ひだりがわ》を見《み》てね）

ネコキック!!
えいっ! ネコパーンチ!
ん? だれニャ!?
カワイイ?
ひまだニャ〜
やさしくしてね♥
ねえねえ
ん? なあに?
お散《さん》歩《ぽ》中《ちゅう》

ワン！
日《ひ》なたぼっこ大《だ》好《す》き！
あったかいワン！
う〜ん 気《き》持《も》ちいいニャ
テヘッ♥
なーんだ ぬいぐるみか!?
ん？やけに おとなしいぞ
かわいいな♥

落《お》ち着《つ》く
ニャー

おめかし

ぺろぺろ
Zzz…

やっぱり
ニンジン
最高《さいこう》!!
モグモグ

いやいや
ひまわりの種《たね》が
一番《いちばん》だね！
モグモグ

おなかいっぱいで
ねむくなっちゃった…

# もくじ

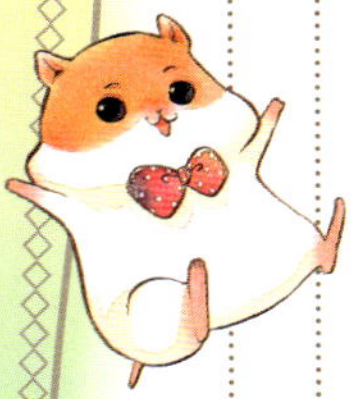

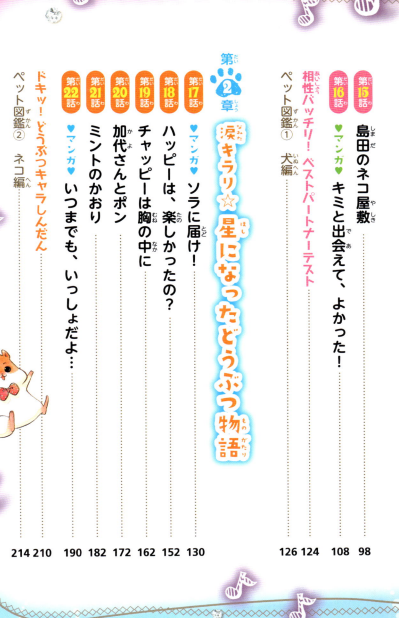

## 第《だい》3章《しょう》 超《ちょう》カンドー！ キセキのどうぶつ物語《ものがたり》



《おことわり》

野良猫《のらねこ》にエサやりをするシーンがありますが、無責任《むせきにん》なエサやりを肯定《こうてい》するものではありません。

野良猫《のらねこ》へのエサやりが禁止《きんし》されている地域《ちいき》もあります。

ペットが迷子《まいご》になってしまった、または保護《ほご》した場合《ばあい》には、最寄《もよ》りの警察署《けいさつしょ》・保健所《ほけんじょ》・動物愛護《どうぶつあいご》センターなど、届《とど》け出《で》が必要《ひつよう》です。

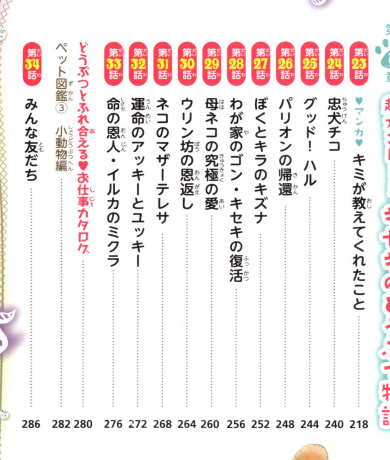

# 第《だい》1章《しょう》

## 胸《むね》キュン♥

# ラブリーどうぶつ物《もの》語《がたり》

そばにいるだけで元《げん》気《き》をくれるどうぶつたち
けなげで愛《あい》らしいどうぶつたちの
心《こころ》がほっこりあたたかくなるお話《はなし》だよ！

胸キュン♥
ラブリーどうぶつ物語
第《だい》1話《わ》
HAPPY《ハッピー》
ワン☆ライフ
キーンコーン
菜々《なな》ちゃん バイバーイ
わたし 高崎菜々《たかさきなな》 小学《しょうがく》5年生《ねんせい》 です
うんっ バイバー…
いっっ!?
ぐいっ
隼斗《はやと》 何《なに》すんのよっ
あ、わりー カバンと まちがえた
こいつは クラスメイトの 隼斗《はやと》

※犬猿《けんえん》の仲《なか》…仲《なか》がわるい関係《かんけい》

なんだけどー…
いだっ！
がぶっ
いまだに
ぷーん
ガルル
ごはんだよ〜
びく
びくっ
そー…
あー!!
おしっこまでしてる!!
ぐっちゃ〜
こんな感《かん》じで…
チェルシー待《ま》ってよ〜
そっちじゃないよぉ〜〜
んぎ〜っ
ぱっ
あっ
だっ
チェルシー!!

待《ま》ってー
ひょいっ
ありがとうございまー…
ぜー
はー
高崎《たかさき》!?
こいつおまえの犬《いぬ》?
隼斗《はやと》!!
げー!
こんなかっこわるいとこ知《し》られるわけには…!
そっそうだけど!?
かわいくてめっちゃおりこうなの!
ねーチェル…
がぶっ
・・・
がーん…
全然《ぜんぜん》なついてねーじゃん
ぎゃーーー!
ばれたー!!
……

ほら
くいっ
えっ
いきなり顔《かお》の前《まえ》に手《て》を出《だ》すと犬《いぬ》がびっくりするから
すー
こうやって背中《せなか》をなでてー…
ころん
おなかもなでて欲《ほ》しいって
わぁ!うれしそう!
すっごーい!
あっというまに仲《なか》よくなれちゃった!

だろーー！
にーーっ
ドキ…
わ…
かわいいからって
ちゃんと
しつけねーと
ダメだぞ
はー
どーせ
あまやかしてんだろ
はっ
てゆーか
なんでそんなに
くわしいのよ！
オレも
犬飼《いぬか》ってるし……
散歩中《さんぽちゅう》なんだ
こわがりだから
ずっとかくれてたけど
ひょこっ
シフォン（オス）

…って
あれっ⁉
こいつら…！
ひとめぼれ
ぽ〜
もしかして仲《なか》よくなったの⁉
……
……
…高崎《たかさき》は毎日散歩《まいにちさんぽ》この時間《じかん》なの？
うっうん！
こいつ友《とも》だちできてうれしそうだから
また遊《あそ》ばせてやってよ

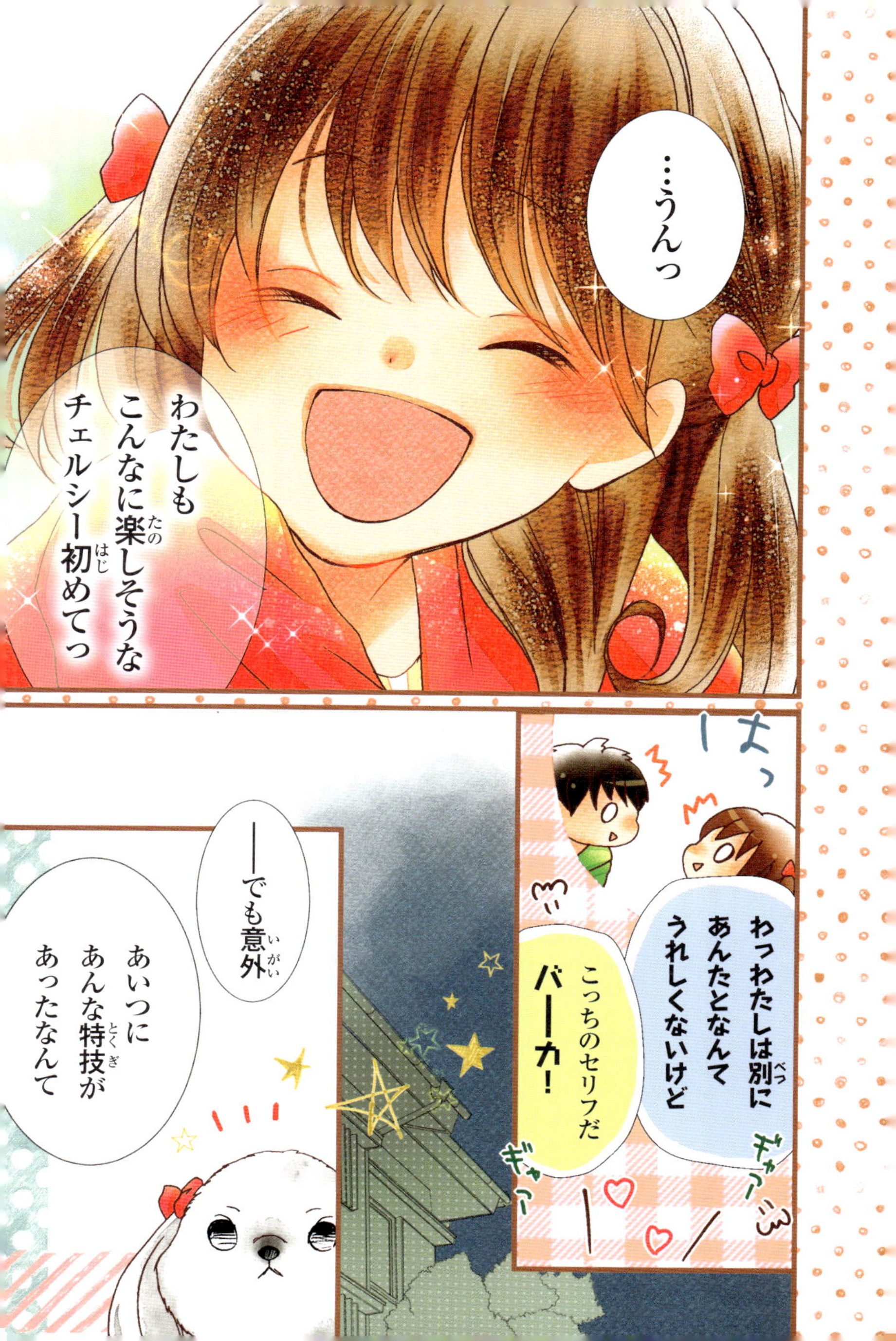
…うんっ
わたしも こんなに楽《たの》しそうな チェルシー初《はじ》めてっ
はっ
わっわたしは別《べつ》に あんたとなんて うれしくないけど
こっちのセリフだ バーカ!
ギャー
ギャー
――でも意外《いがい》
あいつに あんな特技《とくぎ》が あったなんて

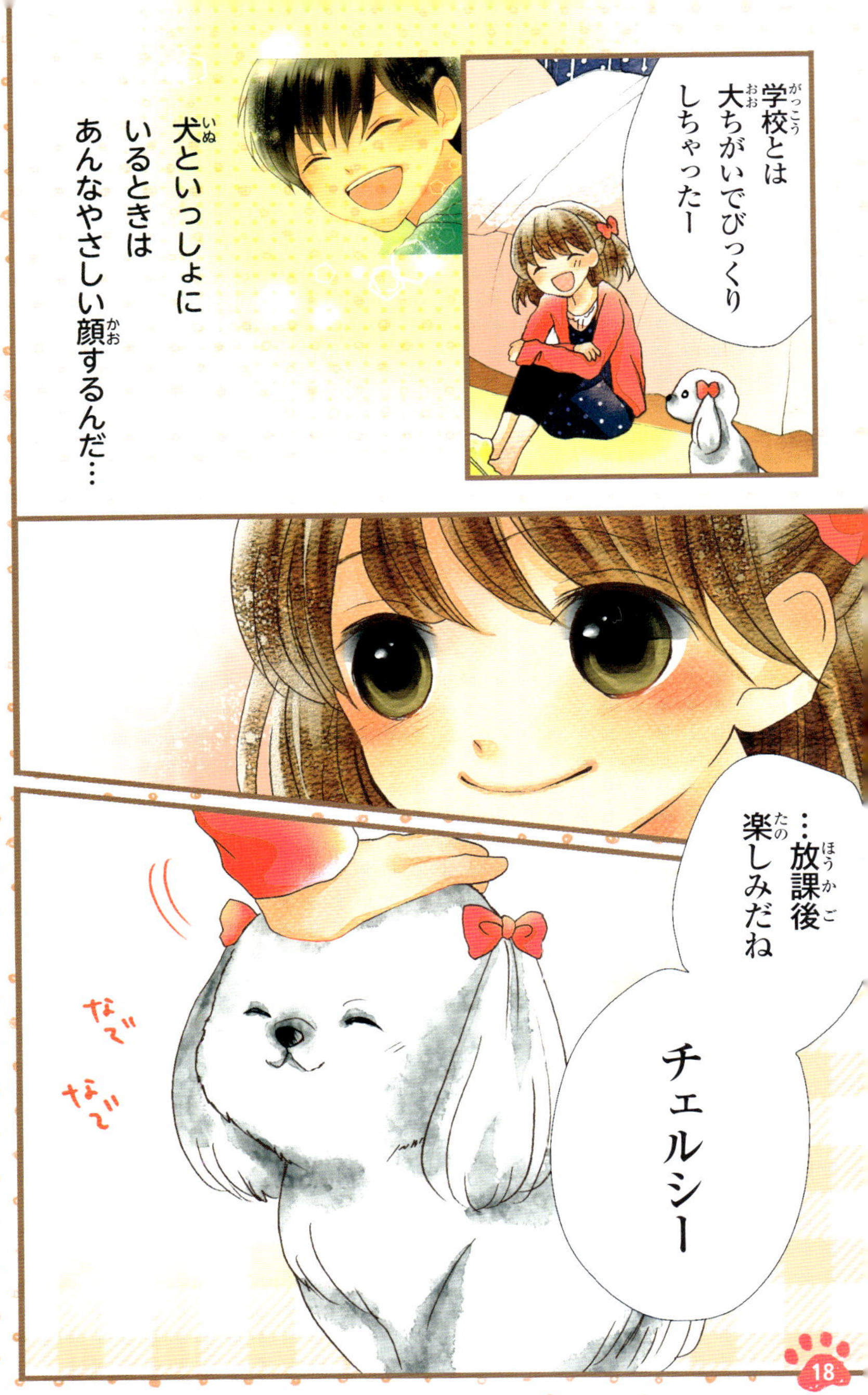
学校《がっこう》とは
大《おお》ちがいでびっくり
しちゃったー
犬《いぬ》といっしょに
いるときは
あんなやさしい顔《かお》するんだ…
…放課後《ほうかご》
楽《たの》しみだね
チェルシー
なで
なで

それから
放課後《ほうかご》は毎日《まいにち》
隼斗《はやと》たちと
散歩《さんぽ》すること
になりました
すごー
こんな大《おお》きな
公園《こうえん》あったんだー
ちょっと遠《とお》いけど
散歩《さんぽ》コースには
ぴったりなんだ
最近《さいきん》ね、
学校《がっこう》から帰《かえ》ると
チェルシーが玄関《げんかん》で
待《ま》ってるんだよー
おさんぽいこうっ
もうすっかり
仲《なか》よしじゃん！

…ちょっと前《まえ》まではね
全然《ぜんぜん》なついてくれなくてどうしようって思《おも》ってたんだ
こうやってチェルシーと仲《なか》よくなれたのも
隼斗《はやと》のおかげだよ
ありがとう！

なっ
なんだよ 改《あらた》まって
…まっまぁ オレは
高崎《たかさき》とこうして 散歩《さんぽ》すんのも
けっこう おもしろいし
ドキ…
——ふしぎ
教室《きょうしつ》だといつも ケンカしちゃうのに
こうしてると 隼斗《はやと》のいいところ
どんどん知《し》れる気《き》がする

それどころか…
隼斗《はやと》ってばねー今日服《きょうふく》にシフォンの毛《け》いっぱいつけたまま学校来《がっこうき》ちゃったんだよ
「はずかしいからとってー」とか言《い》ってほんとバカー
ペラ
ペラ
あっ それに昨日《きのう》もねー
にこ にこ
はっ
…ってわたしさっきから隼斗《はやと》の話《はなし》ばっかりしてる!?
隼斗《はやと》のおかげでチェルシーと仲《なか》よくなれたけど…
コンッ
隼斗《はやと》と仲《なか》よくなれたのは
チェルシーのおかげだね!

わんっ わんっ
?
なになに？ チラシ？
ピラ…
これってー…
ガラララッ
あっ 隼斗《はやと》っ
おはよー
ぱっ
ねえねえ、これなんだけどねっ
たたっ
菜々《なな》ちゃん いつのまに隼斗《はやと》と そんな仲《なか》よく なったの？
ドキィッ
えっ

そういえば最近《さいきん》あんまりケンカしてないようなー…
どっ…どうしよう！
わたしそんなに態度《たいど》に出《で》ちゃってた!?
そっ そんなことないよっ！
ねっ隼斗《はやと》！
……おう
えっ…
でもオレ見《み》たぜー ふたりがデートしてるところ！
こいつら毎日《まいにち》岬《みさき》ケ《が》丘《おか》公園《こうえん》でこそこそ会《あ》ってんだぜー
えーー!?
ヒューヒュー
やらしー

うそ…
見《み》られてたんだ
ドキドキしてる顔《かお》も
全部《ぜんぶ》見《み》られてたんだ…!
はずかしい!!
グシャ…
…おい
いいかげんに……
ヒュ
ヒュ
ちがうよっ!
犬同士《いぬどうし》が仲《なか》いいから
散歩《さんぽ》してるだけで
別《べつ》に隼斗《はやと》と
いたいわけじゃ
ないもん!

5年1組
しん…
はっ
…あっそ
それなら
もうつきあってくれなくていいから
ガラガラ
ピシャンッ

ぐすっ
ぐすっ
…ごめんね チェルシー
今日《きょう》から散歩《さんぽ》の時間《じかん》とコース変《か》えるね…
シフォンとも 隼斗《はやと》とも
もういっしょに散歩《さんぽ》できないんだ
ごめんね……
バカみたい――

はずかしくて
あんなこと
言《い》っちゃって
「ごめんね」も
言《い》えなかった…
ピクッ
チェルシー!?
どうしたの!?
待《ま》って!
ぜーはー
チェル…

隼斗《はやと》!!
……
くるっ
シフォン行《い》くぞっ
チェルシー!?
!!
ぐるんっ
ぐるんっ
…何《なに》?
チラシ…?
オレにっ.

わんちゃんグッズ専門店
ドッグランドスマイル
NEWオープン!!
オープンセール!!
・初回トリミング →30%OFF
おもちゃ各種 →20%OFF
はやとへ
こんどの日曜日
いっしょに行こう!
なな
ドッグランもあるって!!
ドッグランあります
わんちゃんといっしょにあそべる!!
あ…
あのチラシー…
たたっ
チェルシー…
くるっ
〝菜々《なな》ちゃん〟
〝がんばって!〟

……ほんとは
今日《きょう》教室《きょうしつ》でこれ渡《わた》そうと思《おも》ってたの
ぎゅっ…
でもはずかしくなってひどいこと言《い》っちゃってごめんなさい！
今度《こんど》の日曜日《にちようび》、いっしょに行《い》ってくれないかな

…行《い》くっ!!
!!
チェルシー ありがとう
日曜日《にちようび》は
すてきなW《ダブル》デートになるといいな♡

胸キュン♡ラブリーどうぶつ物語　第《だい》2話《わ》

# 「ただいま」って言《い》ってよ、サリー

「サリー、おはよう。ごはんだよ」
大声《おおごえ》で鳴《な》く口《くち》もとに、沙織《さおり》はお湯《ゆ》でふやかしたえさをスプーンで少《すこ》しずつ運《はこ》んだ。うぶ毛《げ》が手《て》のひらをくすぐる。サリーは、鳥好《とりず》きの沙織《さおり》が初《はじ》めて飼《か》ったセキセイインコのひなだ。自分《じぶん》の名前《なまえ》の「サオリ」からとって、「サリー」と名《な》づけ、大切《たいせつ》に育《そだ》てていた。

「サリーはかわいいなぁ」

キッチンから「朝《あさ》ごはんよー」とママが呼《よ》んでも、今朝《けさ》も沙織《さおり》は「もうちょっとだけ」と言《い》って時間《じかん》をひきのばす。おなかがふくらむにつれ目《め》がとろんとしてくるサリーの姿《すがた》は、かわいくて思《おも》わず時間《じかん》を忘《わす》れてしまう。

愛情《あいじょう》に包《つつ》まれ、サリーはぐんぐん成長《せいちょう》した。

「そろそろ※風切羽《かざきりば》を切《き》ったほうが安心《あんしん》ですよ」とペットショップで言《い》われたが、

「飛《と》べなくするなんてかわいそう」と沙織《さおり》が強《つよ》く反対《はんたい》して、そのままにした。おかげでサリーは毎日《まいにち》カーテンレールや本棚《ほんだな》の上《うえ》まで飛《と》んでいき、元気《げんき》いっぱいだ。

沙織《さおり》が右手《みぎて》を差《さ》し出《だ》して「おいで」と呼《よ》べば、すぐにもどってくる。

「サリーはかわいいなぁ」

✿ ✿ ✿ ✿ ✿

ある日《ひ》、サリーにハコベを食《た》べさせていたときだ。沙織《さおり》の耳《みみ》に、突然《とつぜん》ふしぎな声《こえ》が聞《き》こえた。

「へっ？　今《いま》の何《なに》？」

サリーはしばらくさえずっていたが、もう一度《いちど》はっきりと言《い》った。

「サリー　カワイナァ」

※風切羽《かざきりば》…鳥《とり》のつばさのうしろのほうにある羽《はね》

「えっ!? ママ!! サリーがしゃべったよ!」

「やっとおしゃべりできたのね。そろそろかなと思《おも》ってたけど」

インコは、好《す》きな相手《あいて》や仲間《なかま》の声《こえ》を覚《おぼ》えようとするんだと、ママはうれしそうに教《おし》えてくれた。

「『サリー、かわいいなぁ』って、あなたの口《くち》ぐせじゃない」

その日《ひ》から、沙織《さおり》はサリーとおしゃべりの特訓《とっくん》を始《はじ》めた。

「おいしい」「おはよう」「大好《だいす》き」……サリーにしゃべって欲《ほ》しいことは、山《やま》ほどある。サリーは、沙織《さおり》の口《くち》もとをじっと見《み》ている。でも、しゃべることといえば、「サ

リー　カワイナァ」だけだった。それもたまにだ。

「いくつも同時《どうじ》に教《おし》えたら、サリーもつかれちゃうぞ」

朝《あさ》ごはんのテーブルで、パパが言《い》った。

「ひとつの言葉《ことば》を根気《こんき》よく教《おし》えてあげないと。なぁ、サリー」

すると、リビングのケージの中《なか》で鳴《な》いていたサリーが、こう答《こた》えたのだ。

「パパダヨ　タダイマ」

おどろいて牛乳《ぎゅうにゅう》を吹《ふ》いた沙織《さおり》に、パパは大笑《おおわら》いだ。

「実《じつ》は、毎晩《まいばん》サリーに言《い》ってたんだよ。『パパだよ。ただいま』って。アハハハ」

「ずるーい、パパ！　わたしもまだサリーに呼《よ》ばれたことないのに！」

それから2か月後《げつご》、サリーがやっと「おはよう」と「おいしい」を覚《おぼ》えたころ、沙織《さおり》が友《とも》だちを数人《すうにん》連《つ》れて学校《がっこう》から帰《かえ》ってきた。

実《じつ》はその日学校《ひがっこう》で、友《とも》だちの千尋《ちひろ》に聞《き》かれたのだ。

「沙織《さおり》って、インコ飼《か》ってるんでしょ。何《なに》か芸《げい》とかするの?」

「おしゃべりができるよ! たまにだけどね」

「オレテレビで見《み》たことある! インコが、昔話《むかしばなし》しゃべるんだぜ。『むかーしむかし、あるところに……』って」と興奮《こうふん》したのは瑛太《えいた》だ。

「すっごーい! 聞《き》きたい!」

「うちのサリーはそこまではまだ……」

「今日《きょう》沙織《さおり》の家《いえ》に行《い》こうぜ! なっ。決《き》まりっ!」


サリーは、見知《みし》らぬ人《ひと》たちを前《まえ》に、ケージから出《で》ようとしなかった。

「沙織《さおり》、早《はや》くしゃべらせてよ」

千尋《ちひろ》たちがせかせた。

「あ……うん。サリー。ただいま」

沙織《さおり》が声《こえ》をかけても、サリーは何《なに》かもごもご言《い》っているだけだ。

「サリー、おはよう。おはよう。……お・は・よ・う！」

サリーはとまり木《ぎ》を上《うえ》へ下《した》へと飛《と》び移《うつ》り、しまいにはおしりを向《む》けてふんをした。

「うわっ、うんこしたぞ。昔話《むかしばなし》できるなんて、うそじゃん！」

「わたし、そんなこと言《い》ってないよ。あいさつはできるけど、まだ練習中《れんしゅうちゅう》だし……」

「なーんだ、つまんないの！」と、瑛太《えいた》たちはさっさと帰《かえ》っていった。

勝手《かって》な友《とも》だちも頭《あたま》にくるが、沙織《さおり》はサリーに無性《むしょう》に腹《はら》が立《た》っていた。

「サリーもひどいよ！　なんでおしゃべりしてくれなかったの？　ばかっ！」

ケージから出《で》ようとしていたサリーの目《め》の前《まえ》で、沙織《さおり》はぴしゃりと戸《と》を閉《し》めた。

つぎの日《ひ》の朝《あさ》、沙織《さおり》はいつも響《ひび》いているサリーの鳴《な》き声《ごえ》がしないことに気《き》がついた。

「サリー？」

ケージの中《なか》は空《から》だった。さっきカギを忘《わす》れていたのだ。

「サリー！　サリー、どこなの⁉」

（だいじょうぶ。きっとどこかにいる）

そう信《しん》じて探《さが》したけれど、家《いえ》のどこにもサリーはいない。わかったのは、リビングの窓《まど》があいていたことだけだった。

その夜《よる》沙《さ》織《おり》は、いつまでも泣《な》いていた。

サリーが帰《かえ》れるように、2階《かい》の窓《まど》を全部《ぜんぶ》あけっぱなしにしたけれど、翌朝《よくあさ》もケージは空《から》のままだった。

ビラをはって1週間《しゅうかん》経《た》っても、サリーの情報《じょうほう》はなく、沙織《さおり》はくやんでもくやみ切《き》れなかった。

「きっとわたしがきらいになって、どこかへ飛《と》んでいっちゃったんだ……」

サリーがいなくなった。しかもそれが遊《あそ》びに行《い》ったあの日《ひ》だと知《し》った千尋《ちひろ》たちは、気《き》になって、放課後《ほうかご》、サリー探《さが》しを始《はじ》めた。

――それから2週間《しゅうかん》――

「もう無理《むり》かも…。のらネコに食《た》べられちゃったのかな?」

「おまえ、そんなこと沙織《さおり》に絶対《ぜったい》言《い》うなよ!」

瑛太《えいた》はそう言《い》うと、公園《こうえん》の木《き》を見上《みあ》げてため息《いき》をついた。

「おれには鳥《とり》の声《こえ》なんてみんな同《おな》じだしなー。インコもスズメも」

「だよね。チュンチュンだけじゃ……」

そのときだった。

「えっ? 今《いま》の聞《き》いたか!?」

「聞《き》いた!」

「待《ま》ってて。わたし沙織《さおり》を呼《よ》んでくる!」

10分後《ぷんご》、沙織《さおり》が息《いき》を切《き》らしてやってきた。

木《き》の下《した》に立《た》つ瑛太《えいた》にかけよる。

「どこ？　どこなの⁉」

「しーっ！　耳《みみ》すませてみろ」

沙織《さおり》は不安《ふあん》そうに木《き》の上《うえ》を見上《みあ》げた。

すると、茂《しげ》った葉《は》の中《なか》から、チュンチュンと鳥《とり》のさえずりが聞《き》こえる。

その中《なか》に、はっきりとこんな声《こえ》が混《ま》ざっていたのだ。

「サオリ、サオリ、オハヨ」

「サリー!?」

そして葉《は》の間《あいだ》から黄色《きいろ》い小鳥《ことり》が姿《すがた》を見《み》せた。

サリーだ！

「うそー!!　信《しん》じられない！」

千尋《ちひろ》が大声《おおごえ》でさけんだ。

「キセキじゃん！」

瑛太《えいた》も喜《よろこ》び、思《おも》わずガッツポーズをした。

沙織《さおり》は、サリーに向《む》かって両手《りょうて》を広《ひろ》げた。

サリーは首《くび》を2、3度《ど》かしげると、一直線《いっちょくせん》に沙《さ》織《おり》の指《ゆび》におりてきた。

「サリー……おかえり」

沙《さ》織《おり》のほほを、涙《なみだ》が伝《つた》った。

「サオリ、……オハヨ」

「サリーってば……そういうときは、『ただいま』って言《い》うんだよ」

沙《さ》織《おり》はそっとサリーの羽《はね》にキスをした。

胸キュン♥ ラブリーどうぶつ物語

第《だい》3話《わ》

# 最高《さいこう》の家族《かぞく》

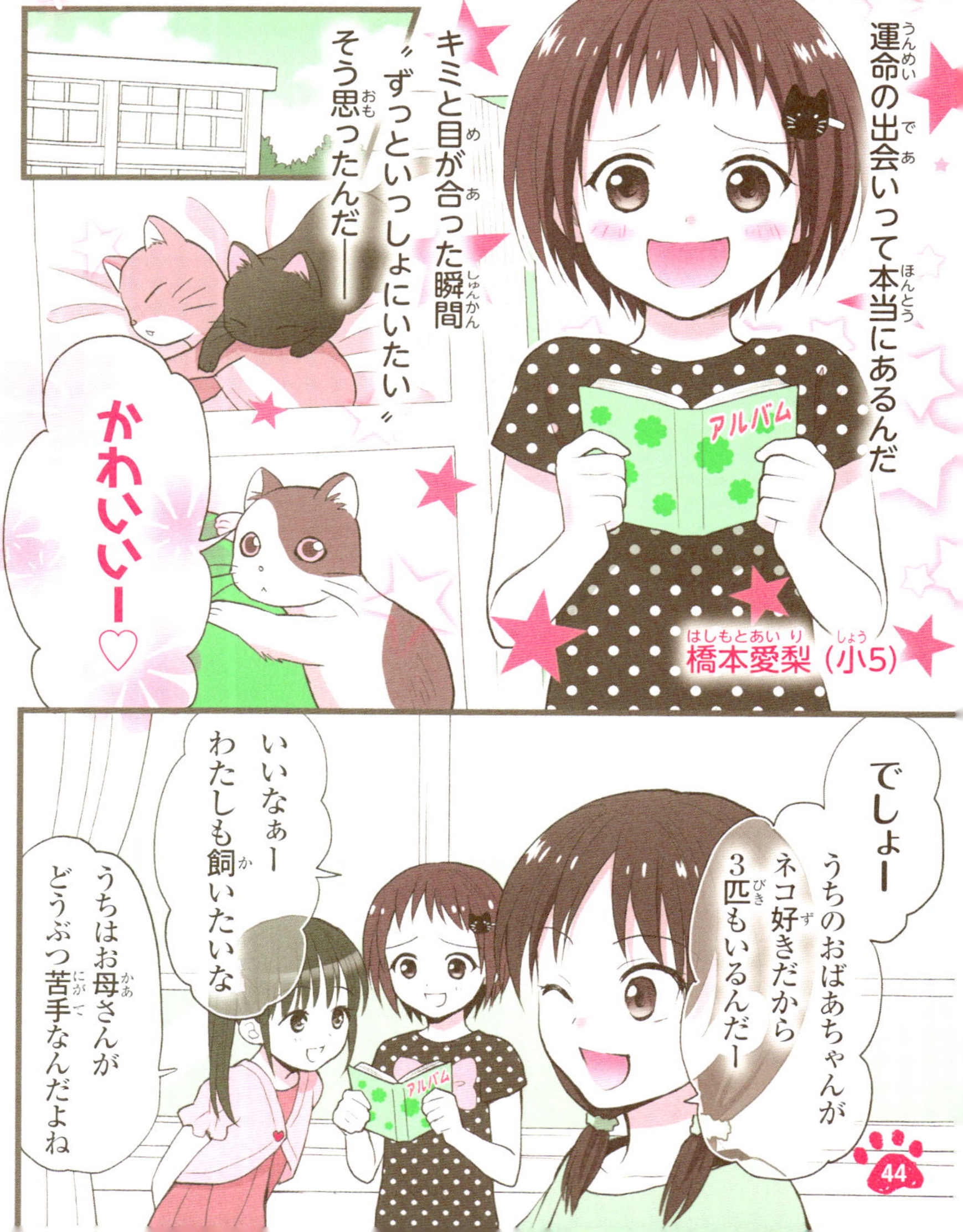

そういえば愛梨《あいり》ちゃん知《し》ってる？
最近《さいきん》学校《がっこう》の裏《うら》にのらネコが来《く》るんだって
のらネコかー…
キョロキョロ
どこにいるのかな…
…ん？
ガサ
わぁ子《こ》ネコだー！
にゃーー

かわいいー♡
お母《かあ》さんと
はぐれちゃったの？
こんなに小《ちい》さいのに
さみしいよね
おなかも
すいてるよね…
よし！
ダメだ！

うぐぐ…
なんでダメなの！
愛梨《あいり》ひとりじゃめんどうみきれないだろう
ママもパパも忙《いそが》しいんだ！
ママ〜
パパがダメって言《い》うんじゃ…
パパお願《ねが》い！飼《か》ってもいいでしょ？
ほら、こんなにかわいいんだよ
………
ダメって言《い》ったらダメだ!!
ガ〜ン

でもこの子《こ》
お母《かあ》さんとはぐれて
ひとりぼっちなんだよ！
ごはんが食《た》べられ
なくて死《し》んじゃうかも
しれないんだよ！
…じゃあ飼《か》える人《ひと》が
いないか探《さが》してみよう
それでいいだろう？
ほかの人《ひと》に
あげちゃうの⁉
わたしが
飼《か》いたいのに…
愛梨《あいり》にどうぶつを飼《か》うのは
まだ早《はや》い
そんなことないよ
友《とも》だちだって
ネコ飼《か》ってるもん
その友《とも》だちと愛梨《あいり》じゃ
家《いえ》の事情《じじょう》がちがうだろ
うっ…
うちは
おばあちゃんが－

だけどなぁ…
一生《いっしょう》のお願《ねが》い！
ちゃんとめんどう見《み》るから！
む～
パパのバカ！
オニ！
なっ…
子《こ》ネコが死《し》んでもいいんだ！
わたしのこと信用《しんよう》してくれないんだ！
そうじゃない！
パパは——
にゃ——

にゃー
うにゃ——
あら、おなかすいたのかしらね 子《こ》ネコって何《なに》を食《た》べるのかしら…
…わかった
とりあえずその子《こ》は家《うち》でめんどうを見《み》よう
ほんと!?
ああ ただしダメだと思《おも》ったら——
やったー
…って聞《き》いてないな

つぎの日《ひ》
5-2
聞《き》いて聞《き》いてー
うちもネコを飼《か》うことになったんだー
やったじゃん!
かわいいでしょ
もしかして学校《がっこう》の裏《うら》にいた子《こ》?
うん!
よかったー
飼《か》い主《ぬし》見《み》つかって
いいなー
ふふーん

こうしてミーアは
家族《かぞく》の一員《いちいん》になった
トイレの砂
ママ明日《あした》から旅行《りょこう》でいないけど家《いえ》のことやミーアのことふたりでだいじょうぶ？
ぐつぐつ
だいじょうぶ!! だいじょうぶ!!
でもおみやげわすれないでね！
いっぱい楽《たの》しんできてよ!!
ああ、朝《あさ》ごはんはおれがやるから
パパの仕事《しごと》が忙《いそが》しい時期《じき》なのにごめんね
ケフ…

――愛梨《あいり》
早《はや》く起《お》きなさい！
パパもう出《で》るから
愛梨《あいり》とミーアの
朝《あさ》ごはん置《お》いておくぞ
ちこく
するなよー
はーい…
おはよー
ミーア
…あれ？
ミーア!?
パパっ
ミーアのようすが
おかしいの!!
なんだって!?

これは…動物病院《どうぶつびょういん》でみてもらったほうがいいいな
プルルルルル…
――はい わかりました
ではお願《ねが》いします
となり町《まち》の動物《どうぶつ》病院《びょういん》に連《つ》れていく
すぐにみてもらえるそうだ
急《いそ》いで車《くるま》で――
パパ…

ミーア…
死《し》んじゃうの？
あのときのレオンのように――
……ミーアはだいじょうぶだから愛梨《あいり》は学校《がっこう》に行《い》きなさい
でも…パパも会社《かいしゃ》が…
会社《かいしゃ》のほうはなんとかしておくから
あとはパパにまかせなさい

…うん
愛梨《あいり》ちゃん おはよー
元気《げんき》ないけど 何《なに》かあった?
うん……
朝《あさ》ごはん食《た》べる ひまなくて…
もしかして
ネコちゃんのお世話《せわ》で 大変《たいへん》だったとか?
え?
ドキッ
トイレの砂《すな》は 散《ち》らかすし
ごはんは好《す》ききらい 激《はげ》しかったりするし
爪《つめ》とぎのしつけも しなきゃいけないしね

…わたしミーアと遊《あそ》ぶだけで
そういうの全然《ぜんぜん》勉強《べんきょう》してなかった…
もしかしてミーアはわたしのせいで…
何《なに》もわかってなかった
だからパパあんなに反対《はんたい》してたんだ

ど…どうしたの愛梨《あいり》ちゃん!?
実《じつ》は朝《あさ》からミーアのようすがおかしくて……
ギュッ…
ネコを飼《か》うのあまく考《かんが》えてた…
パパが病院《びょういん》につれていってくれたけど不安《ふあん》で…
わたしが何《なに》も知《し》らなかったからこんなことに…
愛梨《あいり》ちゃん…
愛梨《あいり》ちゃんのせいじゃないって
きっとだいじょうぶだよ
元気出《げんきだ》して!
…うん
ありがとう

パパ!
ミーアは!?
愛梨《あいり》 落《お》ち着《つ》きなさい
だいじょうぶ 環境《かんきょう》が変《か》わったストレスで 少《すこ》しはいただけだって
おとなしくしていればよくなるよ
ほっ・・・
…よかった
動物病院《どうぶつびょういん》の先生《せんせい》にワクチンのことや子《こ》ネコの注意事項《ちゅういじこう》をいろいろ説明《せつめい》されたよ
パパも昔犬《むかしいぬ》を飼《か》っていたけど そういうのは親《おや》が 全部《ぜんぶ》やってくれていたからな
パパもどうぶつを飼《か》っていたの?
ああ、愛梨《あいり》くらいのときにな

レオンっていってな すごくかわいかった ——だけど
ある日《ひ》急《きゅう》に体調《たいちょう》をくずしてな
その日《ひ》にかぎって家《いえ》にはパパしかいなかった
ずっと苦《くる》しんでいるレオンをパパはただ見《み》ていただけだった
今《いま》みたいにけいたい電話《でんわ》などなくて ただ親《おや》の帰《かえ》りを待《ま》つしかなかったんだ
なんとかして助《たす》けたかったけど……
自分《じぶん》がくやしかったよ
愛梨《あいり》が子《こ》ネコを飼《か》いたいと言《い》ったとき昔《むかし》を思《おも》い出《だ》した
愛梨《あいり》に同《おな》じようなつらい思《おも》いをさせたくなかったんだ
もちろんミーアにも

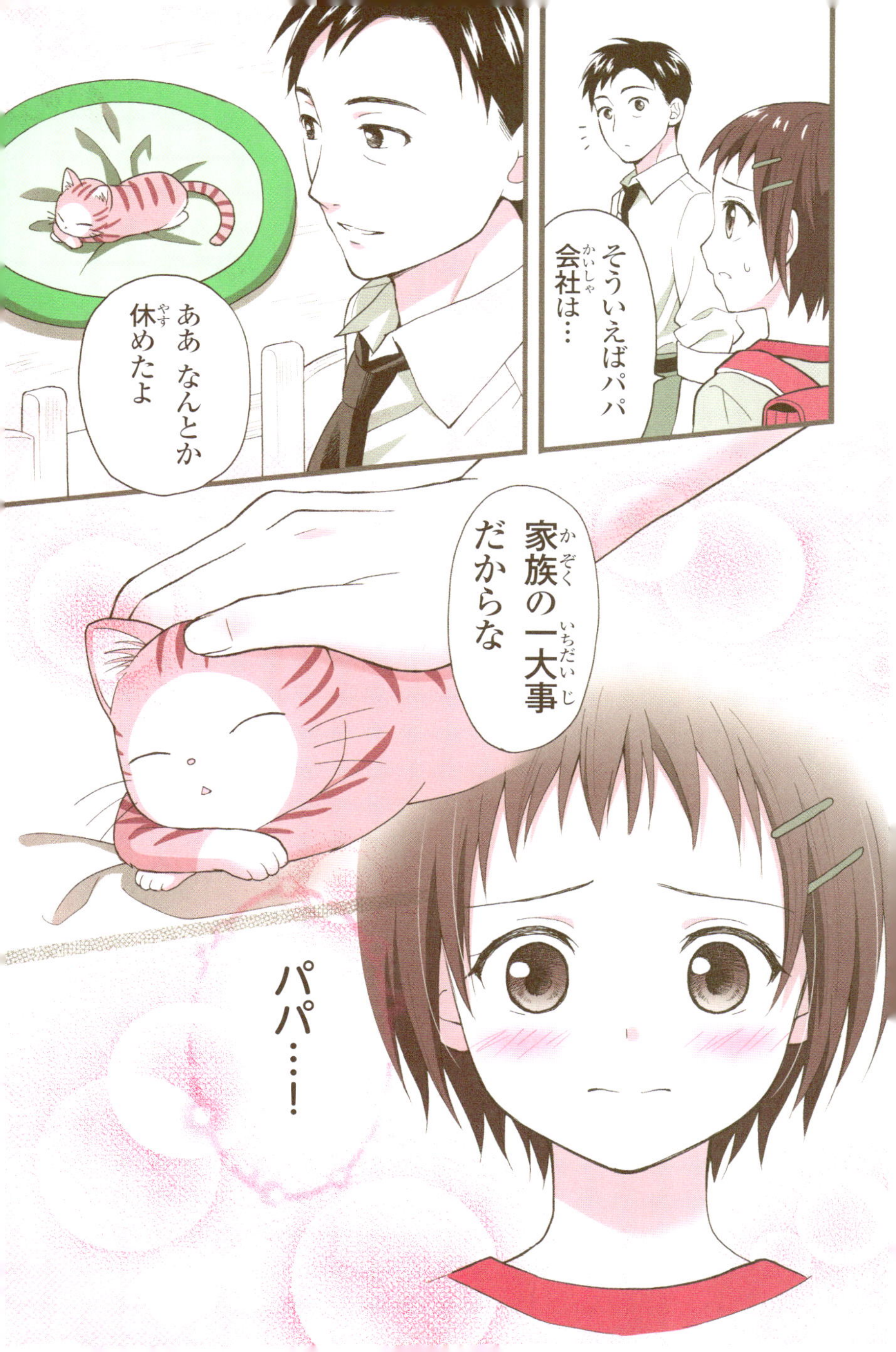
そういえばパパ 会社《かいしゃ》は…
ああ なんとか 休《やす》めたよ
家族《かぞく》の一大事《いちだいじ》だからな
パパ…！

…あのね
わたしどうぶつを飼《か》うことを軽《かる》くみてた
だからパパ反対《はんたい》してたんだよね？
ネコのこと簡単《かんたん》に飼《か》いたいって言《い》ってごめんなさい
……ああ
実《じつ》は本当《ほんとう》のことを言《い》うと別《べつ》の理由《りゆう》もある
え？
パパは犬派《いぬは》なんだ
何《なに》それ ひどーい！
犬好きは ほんとだが
ははっ じょうだんだよ

愛梨《あいり》がわかってくれたなら
それでいい
これからもみんなで
大事《だいじ》に育《そだ》てような
…うん！
にゃー

胸キュン♡ ラブリーどうぶつ物語

第《だい》4話《わ》

# クッキーのおうえん

「急《きゅう》に長距離《ちょうきょり》に変《か》われって言《い》われても、どうしていいかわかんないよ……」

有希《ゆき》は、公園《こうえん》のブランコにこしかけて、もう20分《ぷん》も足《あし》もとの砂《すな》をくつでなぞっている。

「そう思《おも》うでしょ、クッキー？」

話《はな》しかけているのは、パグのクッキーだ。わきにねそべって、さっきからねむそうに有希《ゆき》の足《あし》を見《み》ていた。

有希《ゆき》は、陸上部《りくじょうぶ》の短距離《たんきょり》ランナーだ。いや、正《ただ》しくは、短距離《たんきょり》ランナーだった。

2週間前《しゅうかんまえ》、春《はる》から顧問《こもん》になった橋本先生《はしもとせんせい》に呼《よ》ばれて、突然《とつぜん》こう言《い》われたのだ。

「加藤《かとう》、おまえ、長距離《ちょうきょり》に転向《てんこう》しないか？ そのほうが向《む》いていると思《おも》うんだ」

100メートルの記録《きろく》が全然《ぜんぜん》伸《の》びないことは、自分《じぶん》でもわかっている。だったら、はっきり「短距離《たんきょり》は向《む》いてない」って言《い》ってくれればあきらめがつくのに。

「長距離《ちょうきょり》が向《む》いてるなんて、逆《ぎゃく》に傷《きず》つくよね、クッキー」

クッキーはつまらなそうに立《た》ち上《あ》がり、ぶるぶると体《からだ》についた砂《すな》をはらった。

「あ〜あ、もう部活《ぶかつ》やめようかな……」

そうもいかないことは、有希《ゆき》が一番《いちばん》よくわかっていた。有希《ゆき》は陸上部《りくじょうぶ》の部長《ぶちょう》なのだ。同級生《どうきゅうせい》たちからすいせんされて引《ひ》き受《う》けたのだけれど、実力《じつりょく》もないのに部長《ぶちょう》だなんて、有希《ゆき》にはそれもプレッシャーだった。

「先生《せんせい》はね、試《ため》しに来月《らいげつ》の市民《しみん》マラソンに出《で》てみろって言《い》うの。それで長距離《ちょうきょり》の感《かん》じをつかめって。5キロも走《はし》るんだよ。100メートルが、急《きゅう》に50倍《ばい》だよ。走《はし》れると思《おも》う？」

「ワン！」とほえたクッキーに、有希《ゆき》は思《おも》わず苦笑《にがわら》いした。

長距離《ちょうきょり》への転向《てんこう》は、有希《ゆき》には簡単《かんたん》じゃなかった。

「加藤《かとう》！　スタートからそんなに飛《と》ばしてどうする？　短距離《たんきょり》じゃないんだぞ！」

「もっと足《あし》の裏全体《うらぜんたい》を使《つか》え！　つま先《さき》でちょこちょこ走《はし》るな！」

「呼吸《こきゅう》は吸《す》うことよりはくことを意識《いしき》しろ。短《みじか》い時間《じかん》で一気《いっき》にはき出《だ》すんだ！」

橋本先生《はしもとせんせい》の厳《きび》しい指導《しどう》につかれ果《は》てて帰《かえ》ると、有希《ゆき》は庭《にわ》のしばふにねそべった。

「ねえ、クッキー。わたし、本当《ほんとう》に長距離《ちょうきょり》のほうが向《む》いてると思《おも》う？」

「クーン」

「とちゅうですごく苦《くる》しくなっちゃうの。タイムだってそれほど速《はや》くないし……」

「クーン」

「でも先生《せんせい》は信《しん》じろって言《い》うんだよ。わたしには瞬発力《しゅんぱつりょく》より持久力《じきゅうりょく》のほうがあるって」

「クーン」

クッキーは聞《き》いているのかいないのか、クーンと言《い》うばかり。

それでも有希《ゆき》はクッキーに話《はな》しかけることで、頭《あたま》の中《なか》が整理《せいり》されていく気《き》がしていた。

そうしてひと月《つき》が過《す》ぎた。ついに明日《あした》がマラソン大会《たいかい》という日《ひ》、学校《がっこう》から帰《かえ》った有希《ゆき》はいつもと明《あき》らかにようすがちがっていた。

無言《むごん》でクッキーを散歩《さんぽ》に連《つ》れ出《だ》し、川《かわ》の土《ど》手《て》まで来《く》ると、ポロポロと泣《な》き始《はじ》めた。

「今日《きょう》ね、部室《ぶしつ》に入《はい》ろうとしたら、1年生《ねんせい》たちの会話《かいわ》がぐうぜん聞《き》こえちゃったの。『速《はや》く走《はし》れない人《ひと》が、なんで部長《ぶちょう》とかやってるんだろうね？』って……」

泣《な》くことなどめったにない有希《ゆき》が、おさない子《こ》のように鼻《はな》をすすっている。

「そんなの、自分《じぶん》でもわかってるよ……。わたしだって、なりたくて部長《ぶちょう》になったわけじゃない。それでもがんばってきたのに……。わたしもう、つかれちゃった」

有希《ゆき》は、草《くさ》むらで遊《あそ》んでいるクッキーを引《ひ》き寄《よ》せた。

「ねえクッキー、聞《き》いてる？　もうやめちゃっていいよね……」

ところが、いつもなら「クーン」と鳴《な》くはずなのに、クッキーは有希《ゆき》の手《て》をふりほどき、しっぽをふって、反対側《はんたいがわ》から来《く》る近所《きんじょ》の犬《いぬ》に向《む》かって走《はし》り出《だ》した。

「クッキーまで!!　ひどいよっ！　もうわたし部活《ぶかつ》やめる。決《き》めたっ！」

翌日《よくじつ》、有希《ゆき》はうなだれて、河川敷《かせんじき》のスタートラインに立《た》っていた。

（やめる勇気《ゆうき》も、走《はし》れる自信《じしん》もないんだから……部長失格《ぶちょうしっかく》だよ……）

もう胸《むね》の中《なか》はぐちゃぐちゃだ。

「パン！」と、ピストルが鳴《な》って、ランナーがいっせいに走《はし》り出《だ》す。まわりの人《ひと》たちがみんな速《はや》そうに見《み》えて、有希《ゆき》は不安《ふあん》でたまらなくなった。

（だめだ。余計《よけい》なことは考《かんが》えないようにしなくちゃ…これが最後《さいご》。これを完走《かんそう》したら、陸上部《りくじょうぶ》を……）

有希《ゆき》は練習《れんしゅう》で覚《おぼ》えたことをひとつひとつ確認《かくにん》しながら走《はし》った。足《あし》の運《はこ》び、手《て》のふり、呼吸《こきゅう》のリズム……。しかし、意識《いしき》して走《はし》れたのははじめのうちくらいで、３キロをこえたあたりから集中力《しゅうちゅうりょく》が切《き》れ始《はじ》めた。

（苦《くる》しい……苦《くる》しい……苦《くる》しいよ…）それだけが頭《あたま》にくり返《かえ》し浮《う》かんでくる。

（呼吸《こきゅう》……リズム……）と思《おも》っても、息《いき》があらくなり、コントロールができない。

（ここまできたのに……）がんばろうとしても、もうひとりの自分《じぶん》がていこうする。

（なんでこんなに苦《くる》しいことをやる必要《ひつよう》があるの……。やめたいよ……だってこんなの……もうやめ……）

有希《ゆき》が足《あし》をとめようとした瞬間《しゅんかん》だった。沿道《えんどう》から突然《とつぜん》、大《おお》きな声《こえ》が響《ひび》いた。

「ワン　ワン　ワンッ！」

（えっ？　クッキー……!?）

有希《ゆき》は、はっとした。

周囲《しゅうい》の人《ひと》ごみに目《め》をやったが、走《はし》りながら確認《かくにん》することはできなかった。けれど、あれはまちがいなくクッキーだ。

（やめたくない。とちゅうでやめるなんてカッコわるいこと、絶対《ぜったい》にしたくない！）

有希《ゆき》は、もてる力《ちから》をふりしぼり、前《まえ》を走《はし》る人《ひと》にくらいついていった。

『残《のこ》り１キロ』と書《か》かれたプラカードが前方《ぜんぽう》に見《み》えてきた。顔《かお》がほてり、足《あし》の裏《うら》がじんじんする。ところが、だんだんその苦《くる》しさが気持《きも》ちよくもなってきている気《き》がした。

不安《ふあん》が消《き》えていくかわりに、どういうわけか頭《あたま》に浮《う》かんできたのが、クッキーの顔《かお》だった。

しわしわの垂《た》れ目《め》顔《がお》。ベロを出《だ》した寝《ね》顔《がお》。首《くび》をかしげて有希《ゆき》を見上《みあ》げて、「クーン」とあいづちを打《う》つクッキー。

有希《ゆき》は走《はし》りながら無性《むしょう》におかしくなってきた。そしてそのまま、気《き》づいたら5キロを走《はし》り切《き》っていた。

＊　＊　＊　＊　＊

「有希《ゆき》、やったね！　参加《さんか》した中学女子《ちゅうがくじょし》の中《なか》で3位《い》だって！」

走《はし》っている間《あいだ》、おうえんしてくれていたのだろう、陸上部《りくじょうぶ》の仲間《なかま》がゴールにかけつけてくれた。

かげ口《ぐち》を言《い》っていた後輩《こうはい》も「先輩《せんぱい》、すごーい！　感動《かんどう》しました！」と有希《ゆき》を取《と》り囲《かこ》んだ。

「ハアハア……ありがとう」と答《こた》えながら、有希《ゆき》は人《ひと》ごみの中《なか》に目《め》をやった。どこかにいるはずだ、クッキーが。

「クッキー！」

両親《りょうしん》に連《つ》れられたクッキーを見《み》つけたとき、有希《ゆき》の目《め》から涙《なみだ》があふれた。

「クッキーの声《こえ》、聞《き》こえたよ！　おかげでわたし、走《はし》れたんだよ！」

クッキーは（なんのことだ？）という顔《かお》で、「クーン」と鳴《な》くだけだった。

ほのぼの どうぶつ4コマ 第《だい》5~8話《わ》

# 犬《いぬ》あるある

## 全力《ぜんりょく》でアピール

## お気《き》に入《い》り♡

## ひとり遊《あそ》び

## 喜《よろこ》びすぎて…

ほのぼのどうぶつ4コマ

# 第《だい》9~12話《わ》 ネコあるある

## ツ・ン・デ・レ

## かまってほしいの!?

## ネコのたくらみ

## 高《たか》みの見物《けんぶつ》!!

胸キュン♥ラブリーどうぶつ物語 第《だい》13話《わ》

# 里親《さとおや》探《さが》し、友《とも》だち探《さが》し

6年生《ねんせい》にあがってもうすぐひと月《つき》になる。なのに、真央《まお》はまだ新《あたら》しいクラスになじめない。

(どうしたら、あんなにすぐ仲《なか》よくなれるんだろう……)

真央《まお》は教室《きょうしつ》のうしろの席《せき》から、楽《たの》しそうにおしゃべりしているクラスメイトをながめてため息《いき》をついた。

「昨日《きのう》の夜《よる》のお笑《わら》い番組《ばんぐみ》見《み》た?」

「見《み》た見《み》た! あの学校《がっこう》のコント、すっごくおもしろかったよな」

「わたし、笑《わら》いすぎておなかが痛《いた》くなっちゃったよ」

真央《まお》は、どうしてもあの輪《わ》の中《なか》に入《はい》れない。ひどい人見知《ひとみし》りなのだ。勉強《べんきょう》もスポー

ツも苦手《にがて》。みんなと楽《たの》しくしゃべれるような話題《わだい》もない。真央《まお》は、ノートを開《ひら》くと、ペンケースからシャープペンを取《と》り出《だ》して、落書《らくが》きを始《はじ》めた。落書《らくが》きもネコの絵《え》ばかりかいている。

（いつまでこうして休《やす》み時間《じかん》をつぶしてるんだろう）

そう思《おも》うと真央《まお》は悲《かな》しくなって、パタンとノートを閉《と》じた。

家《いえ》に帰《かえ》ると、真央《まお》は飼《か》いネコのマロンに語《かた》りかけた。

「マロンはいいな。いつも自由《じゆう》で、だれに好《す》かれようが関係《かんけい》ないって感《かん》じだもん」

「わたし、今日《きょう》もだれとも話《はな》せなかったんだ……」

マロンにだけは素直《すなお》に気持《きも》ちを打《う》ち明《あ》けられる真央《まお》。マロンは真央《まお》のさびしそうな顔《かお》を見《み》ると、「ニャー」と鳴《な》いた。だきしめると、お日様《ひさま》のにおいが鼻《はな》をくすぐる。

「わたしもネコに生《う》まれればよかったよ」

真央《まお》はマロンのやわらかな毛《け》に顔《かお》をうずめた。

＊＊＊＊＊

そんなある日《ひ》、真央《まお》が近所《きんじょ》の公園《こうえん》を通《とお》りかかると、ベンチのわきに3人《にん》の子《こ》がしゃがみこんでいた。

（あの子《こ》たち、何《なに》やってるんだろう？）

そうっとのぞくと、それは真央《まお》のクラスメイトだった。

その真《ま》ん中《なか》に、小《ちい》さなネコがいた。

ネコ好《ず》きの真央《まお》は、思《おも》わず笑顔《えがお》になった。でも声《こえ》をかけることなんてできない。気《き》づかれないように通《とお》り過《す》ぎようとしたそのとき、

「……あれ？　川村《かわむら》さんじゃない？」

陽人《はると》に呼《よ》びとめられた。

「あ、ほんとだ。川村真央《かわむらまお》ちゃんだ」

ふり返《かえ》ったのは美砂《みさ》。

「この近《ちか》くに住《す》んでるの？」と声《こえ》をかけたのは、香里《かおり》だった。

（みんな、わたしの名前《なまえ》知《し》ってるんだ）

真央《まお》はびっくりした。

「うん……。みんな……何《なに》してるの？」

「おれたちみんな同《おな》じ塾《じゅく》に行《い》ってるんだ。帰《かえ》りにここ通《とお》ったらこのネコがいて、さみしそうだったから、つい気《き》になっちゃって」

陽人《はると》はそう言《い》うと、慣《な》れた手《て》つきで、子《こ》ネコをなでた。

「オレ、ネコ好《す》きなんだよね。家《いえ》でも2匹《ひき》飼《か》ってるんだ」

そう聞《き》いて、真央《まお》は思《おも》わず口《くち》を開《ひら》いた。

「わたしもネコ大好《だいす》き。うちにも1匹《ぴき》いるよ。マロンっていうの」

「だと思《おも》った」

「なんでわかったの、陽人《はると》？」

美砂《みさ》と香里《かおり》はふしぎそうだ。

「だって、川村《かわむら》さんの持《も》ち物《もの》ってネコグッズばかりだもん。ランドセルにもネコのお守《まも》りついてるし、文房具《ぶんぼうぐ》もネコのデザインばかり。だよね？」

真央《まお》はまたびっくりした。

「オレ、ネコにはつい目《め》がいっちゃうんだ。ところで、この子《こ》ネコ、ノラみたいだし、このままほうっておけないよ。どうする？」

「そういえば、すぐそこの動物病院《どうぶつびょういん》で動物《どうぶつ》の里親《さとおや》を募集《ぼしゅう》してたよ」

香里《かおり》が言《い》うと、陽人《はると》はうれしそうに立《た》ち上《あ》がった。

「じゃあそこでたのんでみよう！　川村《かわむら》さんもいっしょに行《い》こう」

「えっ？」

真央《まお》はまたまたおどろいた。

「わたしも行《い》っていいの？」

「もちろん！」

陽人《はると》の言葉《ことば》に、美砂《みさ》と香里《かおり》も笑《わら》ってうなずいた。

「公園《こうえん》でこのネコを見《み》つけたんですが、里親《さとおや》を探《さが》してもらえませんか？」

陽人《はると》たちが必死《ひっし》にたのむと、獣医《じゅうい》さんはこころよく引《ひ》き受《う》けてくれた。

「わかった。病院《びょういん》のドアに里親募集《さとおやぼしゅう》のはり紙《がみ》をしておくよ」


その日《ひ》から真央《まお》は、美砂《みさ》たちと学校《がっこう》でも話《はな》すようになった。真央《まお》が話《はな》しかけられずにいても、みんなのほうから「おはよう」「遊《あそ》ぼう」などと声《こえ》をかけてくれる。

美砂《みさ》もネコを、香里《かおり》は犬《いぬ》を飼《か》っているそうだ。

「真央《まお》ちゃん家《ち》のネコって、どんなネコなの？」

「クリ色《いろ》のネコなの……だから、マロンっていう名前《なまえ》にしたの」

「かわいい名前《なまえ》！　うちのネコは『ゴエモン』だよ。お兄《にい》ちゃんがつけちゃったの。へんでしょ」

「ところで公園《こうえん》で見《み》つけたあの子《こ》ネコ、まだ里親《さとおや》決《き》まらないみたいだね」

香里《かおり》は心配《しんぱい》そうだ。動物病院《どうぶつびょういん》の前《まえ》を毎日通《まいにちとお》る真央《まお》も、ずっと気《き》になっている。

「あんなにかわいいのにね」と納得《なっとく》しないようすの美砂《みさ》は、「そうだ！」と手《て》を打《う》った。

「わたしたちでも里親探《さとおやさが》ししようよ。チラシつくって、近所《きんじょ》に配《くば》らない？」

「それいいね！　やろう！」

香里《かおり》も賛成《さんせい》し、３人《にん》はさっそく美砂《みさ》の家《いえ》に集《あつ》まって子《こ》ネコの里親募集《さとおやぼしゅう》のチラシをつくった。動物病院《どうぶつびょういん》でもらったネコの写真《しゃしん》を紙《かみ》にはり、真央《まお》が、そのわきにネコの絵《え》をかき始《はじ》めた。

「真央《まお》ちゃんって、絵《え》がじょうずだね！」

美砂《みさ》と香里《かおり》が感心《かんしん》している。

「もっとたくさんかいてよ。かわいいチラシにし

よう！」

つくり終《お》えたポスターをコンビニでコピーし、３人《にん》は商店街《しょうてんがい》のお店《みせ》など人《ひと》が集《あつ》まりそうな場所《ばしょ》に配《くば》ってはってもらった。

きっとすぐに飼《か》い主《ぬし》が見《み》つかる。そう期待《きたい》していたけれど、２週間《しゅうかん》待《ま》ってもまだ連絡《れんらく》がない。

「わたしの絵《え》が変《へん》だったのかな……。写真《しゃしん》だけのほうがシンプルでよかったのかも。ごめんね……」

真央《まお》がつぶやくと、美砂《みさ》が急《きゅう》におこり出《だ》した。

「どうしてあやまるの？　わたしたちが絵《え》をかいてって言《い》ったのがいけなかったってこと!?」

そう言《い》って教室《きょうしつ》を出《で》ていってしまった。

「気《き》にすることないよ真央《まお》ちゃん。里親《さとおや》が見《み》つからなくて、イライラしてるんだと

思《おも》う。真央《まお》ちゃんに責任《せきにん》はないよ」

香里《かおり》はそう言《い》ってくれたけれど、真央《まお》は落《お》ちこんだまま家《いえ》に帰《かえ》った。

「わたし、美砂《みさ》ちゃんをおこらせちゃった……」

マロンにそう話《はな》しかけていたときだ。突然電話《とつぜんでんわ》が鳴《な》った。受話器《じゅわき》をとると美砂《みさ》からだ。真央《まお》はドキっとしたが、美砂《みさ》の声《こえ》ははずんでいた。

**「真央《まお》ちゃん、子《こ》ネコに飼《か》い主《ぬし》が見《み》つかったよ！　今《いま》すぐ動物病院《どうぶつびょういん》に来《き》て！」**

真央《まお》が飛《と》んでいくと、病院《びょういん》には美砂《みさ》と香里《かおり》、それに陽人《はると》も来《き》ていた。そばには知《し》らないおじさんとおばさんがいて、子《こ》ネコをだいている。

「あなたたちのチラシをお友《とも》だちにもらって、この子《こ》を引《ひ》き取《と》ることにしたのよ」

それは里親《さとおや》になってくれるご夫婦《ふうふ》だった。

「あ……ありがとうございます‼」

真央《まお》が頭《あたま》を下《さ》げると、ご夫婦《ふうふ》は「こちらこそ」と笑《わら》った。

「それでね、せっかくだから、みんなにこの子《こ》の名前《なまえ》をつけて欲《ほ》しいんだけど、どうかしら？」

おばさんの提案《ていあん》に、女子《じょし》３人《にん》はおどろいて顔《かお》を見合《みあ》わせた。

「真央《まお》ちゃん、名前《なまえ》つけるセンスあるから、いいアイデアない？」

そう言《い》ったのは美砂《みさ》だ。真央《まお》はしばらくとまどっていたが、やがて口《くち》を開《ひら》いた。

「……『ハナ』ってどうですか？　お花《はな》みたいにかわいいから」

ご夫婦《ふうふ》は顔《かお》を見合《みあ》わせてニッコリ笑《わら》うと、

「かわいいわね！　それにしましょう」と、喜《よろこ》んでくれた。

「みんな、いつでもハナに会《あ》いにきてちょうだいね」

「いいんですか？」美砂《みさ》の顔《かお》がぱっとかがやいた。

「もちろんよ。あなたたちはハナのお姉《ねえ》ちゃんみたいなものだもの」

そういうと、「ミュー」と鳴《な》くハナをそっとケージに入《い》れ、ご夫婦《ふうふ》は帰《かえ》っていった。

その車《くるま》を見送《みおく》ると、美砂《みさ》と香里《かおり》と真央《まお》はこらえきれずにハイタッチをした。

「やったね！」

3人《にん》はうれしそうに笑《わら》った。

「真央《まお》ちゃん、今日《きょう》はひどいこと言《い》ってごめんね」と美砂《みさ》が言《い》った。

「ううん。ぜんぜん気《き》にしてないから」

（マロン、わたしもうひとりぼっちじゃないよ！）

真央《まお》は、やっとふたりと本当《ほんとう》の友《とも》だちになれた気《き》がして

いつまでもその手《て》をにぎりしめていた。

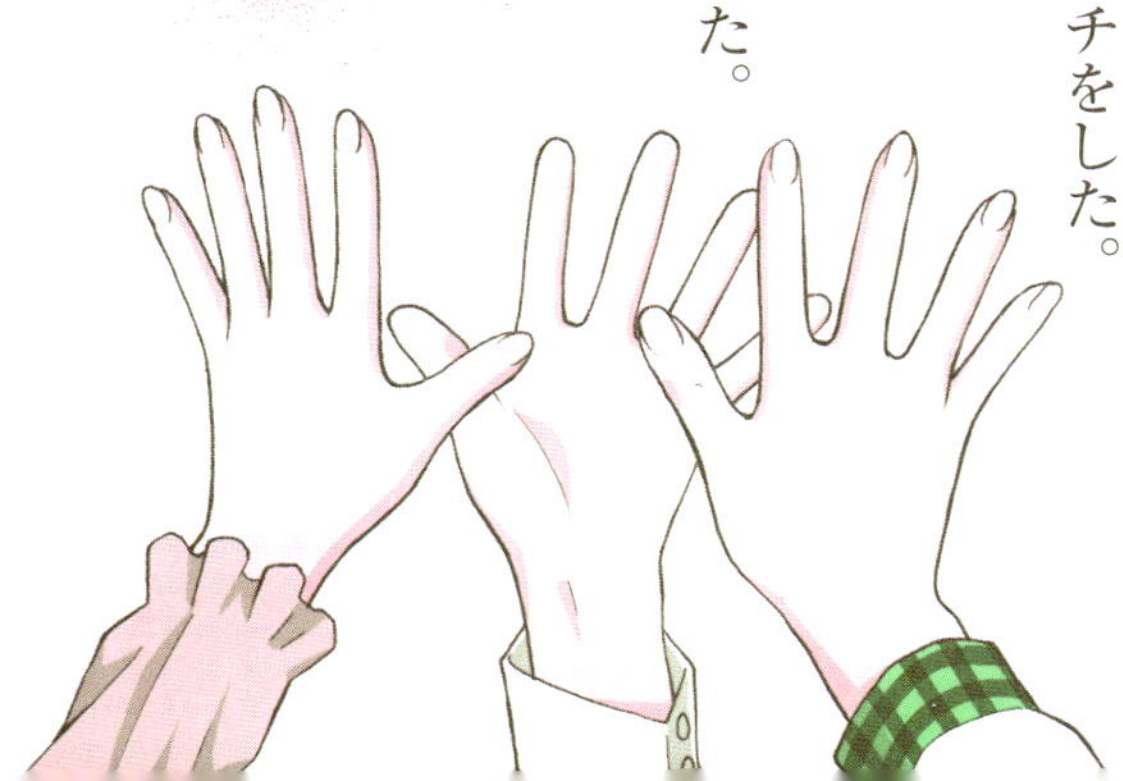

# 胸キュン♥ラブリーどうぶつ物語 第《だい》14話《わ》

# まるに夢中《むちゅう》！

名前《なまえ》は綾乃《あやの》がつけていいよ
ピィ!
こうして
わが家《や》にハムスターがやってきたのです
……
かじ
かじ
ハァ…
ガサ
ゴソ
ガサ
たしかにかわいくなくはないけど…
ちゃんとかわいがれるかなぁ…
綾乃《あやの》ハムスター飼《か》ったの!?
うん
意外《いがい》~!
え~っ
綾乃《あやの》小動物《しょうどうぶつ》とか苦手《にがて》そ~
かわいいものとか興味《きょうみ》なさそうだもん

だよねぇ～
あはっ
ねぇハムちゃんの名前《なまえ》は？
えっ一条《いちじょう》さん
まっまだつけてないけど…
早《はや》くつけなよ！
名前《なまえ》をつけてあげたらどうぶつってすごく愛着《あいちゃく》わくよ！
へ～
わたしもハムスター2匹《ひき》飼《か》ってるんだー
そうだったんだぁ！
キィィ…
カタ
カタ…
…ん？

キョロ
キョロ
キョロ
パラ…
えさ…かな?
ビタンッ
!!
ふぁああ～
スヤ
スヤ
Zzz
タッ
タッ
タッ
タタタ
タッ
タッ
タッ
ダッ
ダッ
ダッ
じーー
…まる
丸《まる》っこくておもしろい
くす
くす
ガサ
ゴソ
オマエ今日《きょう》から〝まる〟ね!

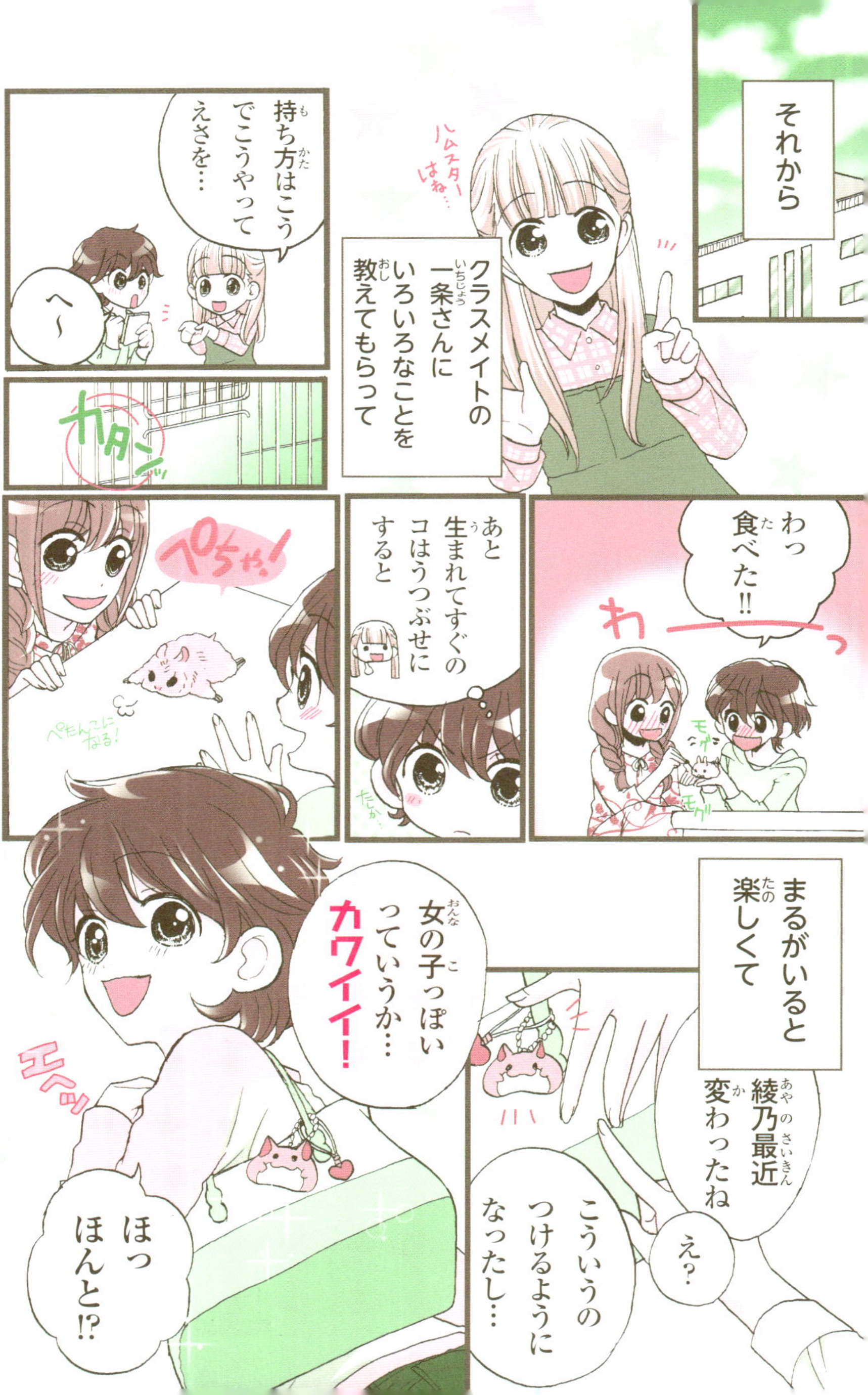
それから
ハムスターはね…
クラスメイトの一条《いちじょう》さんにいろいろなことを教《おし》えてもらって
持《も》ち方《かた》はこうでこうやってえさを…
へ～
カタンッ
わっ食《た》べた!!
わ――っ
モグ
モグ
あと生《う》まれてすぐのコはうつぶせにすると
たしか…
ぺちゃ!
ぺたんこになる!
まるがいると楽《たの》しくて
綾乃《あやの》最近《さいきん》変《か》わったね
え?
こういうのつけるようになったし…
女《おん》の子《こ》っぽいっていうか…カワイイ!
エヘッ
ほっほんと!?

今《いま》までとは
ちがう
新《あたら》しい自分《じぶん》を
発見《はっけん》できた
ガチャ
ただい…
綾乃《あやの》!!
ドア閉《し》めてっ
えっ
どうしたの
お姉《ねえ》ちゃん
まるが
いないの!
いつのまにか
ケージのとびらが
あいてて…
ええっ
家《いえ》の中《なか》で
行方不明《ゆくえふめい》!?
どうしよう

まるがかくれていそうな家中《いえじゅう》のすきまはくまなく探《さが》した
お〜い
一条《いちじょう》さんに見《み》つけるためのしかけも聞《き》いて試《ため》したけど
暗《くら》いとこが好《す》きだよ
トイレットペーパーの芯
えさ
結局《けっきょく》まるは見《み》つからなかった——
外《そと》に出《で》ちゃったのかな…
…そうね これだけ探《さが》しても見《み》つからなかったら
しかたな…
いやだよ!
そんなこと言《い》わないでよお母《かあ》さん!
綾乃《あやの》っ
まるは絶対《ぜったい》に帰《かえ》ってくるよ
絶対《ぜったい》に…!!

だってまるは
わたしの…
ガサッ
まっ
まるーー！
?!
コソッ
？
まるはわたしの
大切《たいせつ》な家族《かぞく》
だもんね！
CHU

胸キュン♥
ラブリーどうぶつ物語
第《だい》15話《わ》

# 島《しま》田《だ》のネコ屋《や》敷《しき》

町《まち》のはずれにぽつんと1軒《けん》、木造《もくぞう》の小《ちい》さな平屋《ひらや》がある。古《ふる》い壁板《かべいた》はあちこちはずれかけ、うすいガラスの窓《まど》は、風《かぜ》がふくたびカタカタ鳴《な》った。屋根《やね》の黒《くろ》いかわらだけがやけに立派《りっぱ》で、そのボロ屋《や》をおしつぶしそうだ。広《ひろ》い庭《にわ》は、きっともう何年《なんねん》も手《て》を入《い》れていないのだろう、まるで草《くさ》むらだ。

その庭《にわ》の雑草《ざっそう》に見《み》えかくれして、何匹《なんびき》ものネコが見《み》えた。10匹《ぴき》はいるだろうか。

「拓海《たくみ》、早《はや》くやれよ」

家《いえ》と道《みち》とをへだてる植《う》えこみにかくれて、桔平《きっぺい》がささやいた。

「ちょっと距離《きょり》があるけど、届《とど》くかな？」

自信《じしん》なさそうにつぶやく拓海《たくみ》を、わきでこづいたのは蓮《れん》だ。

「だからおまえがやるんだろ。何年《なんねん》ピッチャーやってるんだよ」

「……うん」

拓海《たくみ》は、そーっと立《た》ち上《あ》がると、大《おお》きくふりかぶって、右手《みぎて》から何《なに》かをほうった。

それはゆるやかに弧《こ》をえがき、ボロ屋《や》の雨戸《あまど》にぶつかると、ぽとりと庭《にわ》に落《お》ちた。

給食《きゅうしょく》の残《のこ》りのコッペパンだ。

突然《とつぜん》のことにおどろいたネコたちは、庭《にわ》の四方《しほう》へちりぢりに走《はし》っていったが、それが食《た》べ物《もの》だとわかったとたん、これまた一瞬《いっしゅん》にして飛《と》びつき、すさまじいうばい合《あ》いが始《はじ》まった。

「ギャハハ。おもしれ〜」

「シーッ！　桔平《きっぺい》、だまれ」

蓮《れん》がそう言《い》うと、閉《し》め切《き》った窓《まど》ががくんと動《うご》いた。

そのまま20センチほど横《よこ》に動《うご》いたと思《おも》ったら、おばあさんが顔《かお》を出《だ》した。

「うちのネコにいたずらしたら、ただじゃおかないよー！」

**「出《で》た〜！　ネコばばあだ！」**

3人《にん》は、笑《わら》いながらランドセルをゆらしてにげ出《だ》した。

桔平《きっぺい》、蓮《れん》、拓海《たくみ》の3人《にん》は、〝島田《しまだ》のネコ屋敷《やしき》〟と名《な》づけたこの家《いえ》に学校帰《がっこうがえ》りに寄《よ》っていたずらするのが、いつものことだった。

「ねえ、おばさん、あのネコ屋敷《やしき》の人《ひと》って、どういう人《ひと》か知《し》ってる?」

「あんなにたくさんネコを飼《か》ってて、不気味《ぶきみ》だよね」

拓海《たくみ》の家《いえ》に集合《しゅうごう》した3人《にん》は、拓海《たくみ》のお母《かあ》さんに聞《き》いた。

「島田《しまだ》さんはねぇ、若《わか》いころは女優《じょゆう》さんみたいにきれいだったのよ」

「うっそだぁ〜」

桔平《きっぺい》は思《おも》わず大声《おおごえ》をあげた。

「本当《ほんとう》よ。拓海《たくみ》のおばあちゃんと同級生《どうきゅうせい》で、写真見《しゃしんみ》たことあるもの。若《わか》いころからネコがお好《す》きみたいよ。だんなさんはもう亡《な》くなっているし、息子《むすこ》さんも都会《とかい》に出《で》ちゃったから、ネコを子《こ》どもみたいに思《おも》って世話《せわ》してるのかもね」

「ふーん」と、拓海《たくみ》はだまりこんだ。思《おも》っていたほど気味《きみ》の悪《わる》いおばあさんじゃないのかもしれない。

その週末《しゅうまつ》のことだ。拓海《たくみ》はおつかいの帰《かえ》りに、川岸《かわぎし》で段《だん》ボール箱《ばこ》に入《い》れられた子《こ》ネコを見《み》つけた。

「かわいそうに、捨《す》てられちゃったんだね……」

ミューミュー鳴《な》く子《こ》ネコに、スーパーで買《か》ったばかりのちくわを食《た》べさせようとすると、頭上《ずじょう》から「子《こ》ネコにむやみにえさなんてあたえるもんじゃないよ」と声《こえ》がした。拓海《たくみ》がおどろいたのも無理《むり》はない。島田《しまだ》のネコばばあだったのだ。

ネコばばあは、無言《むごん》で箱《はこ》ごとネコをもちあげると、ゆっくりと歩《ある》き出《だ》した。

（こうやってネコを拾《ひろ》って飼《か》ってるんだ……）

拓海《たくみ》は気《き》づくと、ネコばばあのあとを追《お》いかけていた。

ちょうど家《いえ》の門《もん》をくぐろうとしたときだ。

ネコばばあが、突然《とつぜん》ふり向《む》いた。

「あたしになんか用《よう》かい？」

**「い、いえ」**

拓海《たくみ》はとっさに聞《き》いた。

「ネコが、す……好《す》きなんですか？」

ネコばばあはしばらく子《こ》ネコに目《め》を落《お》としていたが、やがてほほえんだ。

**「ネコほどかわいいものがほかにあるかね？」**

ネコばばあは、段《だん》ボールを拓海《たくみ》に差《さ》し出《だ》した。

「子《こ》ネコはね、母《はは》ネコになめられると安心《あんしん》するんだ。こんなに小《ちい》さいのに母《はは》ネコとはなされちゃって……。この子《こ》たちにはぬくもりが必要《ひつよう》なんだよ。だいたり、なでたりしてあげないとね。赤《あか》ちゃんのうちにやさしくすると、ネコは人《ひと》なつこくて、明《あか》るい性格《せいかく》になるんだよ」

拓海《たくみ》は、思《おも》いのほかやさしい話《はな》し方《かた》をするネコばばあをじっと見《み》ていた。

「さあ早《はや》くミルクをやらなくちゃ。きっとおなかがへってるよ」

「ぼくも手伝《てつだ》っていいですか？」

拓海《たくみ》は思《おも》わずそう言《い》って、自分《じぶん》におどろいた。ネコばばあはもっとおどろいていたが、やがて「かまわないよ」とつぶやいた。

「じゃあ、和世《かずよ》ちゃんにことわってからおいで」

拓海《たくみ》はおどろいた。和世《かずよ》とは拓海《たくみ》のお母《かあ》さんだ。

（おばあちゃんの同級生《どうきゅうせい》だって聞《き》いてたけど、ネコばばあ、ぼくのこと知《し》っていたんだ……）

それからというもの、3人《にん》は学校《がっこう》から帰《かえ》るとすぐにかばんを置《お》いて島田《しまだ》のネコ屋敷《やしき》へ行《い》くようになった。拓海《たくみ》に話《はなし》を聞《き》いて、桔平《きっぺい》と蓮《れん》もついてくるようになったのだ。

家《いえ》にペットのいない3人《にん》は、毎日通《まいにちかよ》ううちにネコにも慣《な》れ、いっしょに遊《あそ》ぶようになった。近《ちか》ごろでは、ネコばばあがおやつを用意《ようい》して待《ま》っていてくれる。

「まさかネコばばあにアップルパイをつくってもらうなんて、思《おも》ってもみなかったよな～」

片手《かたて》で子《こ》ネコをあやしながら、桔平《きっぺい》は熱々《あつあつ》のパイをほおばった。

**「だれがネコばばあだって？」**

**「やべっ！」**とあわてた桔平《きっぺい》に、ネコばばあは声《こえ》を上《あ》げて笑《わら》った。

そんなある日《ひ》のこと。いつものように3人《にん》がネコ屋敷《やしき》に寄《よ》ると、いつもあけっぱなしの縁側《えんがわ》の窓《まど》がぴたりと閉《と》じられ、庭《にわ》にはネコが1匹《ぴき》もいない。玄関《げんかん》に回《まわ》って戸《と》をたたいたが、ネコの声《こえ》が聞《き》こえるだけで、ネコばばあは出《で》てこなかった。

「るすかな」としばらく庭《にわ》で待《ま》ったが、ネコばばあは帰《かえ》ってこない。

「変《へん》だな。こんなこと今《いま》までなかったのに」

ふたたび庭《にわ》にまわり、縁側《えんがわ》の窓《まど》に鼻《はな》をおしつけて部屋《へや》の奥《おく》をのぞきこんだ桔平《きっぺい》は、つぎの瞬間《しゅんかん》、**「ネコばばあっ!!」**とさけんだ。

家《いえ》の中《なか》でネコばばあがたおれていたのだ。こちらに背《せ》を向《む》け体《からだ》をふるわせている。

**「大変《たいへん》だ！」「どうしよう！」**

あわてる拓海《たくみ》と蓮《れん》に、桔平《きっぺい》は「どいてろ！」と言《い》うなり、庭《にわ》の小石《こいし》を手《て》にとって窓《まど》に投《な》げつけた。

そこからカギをあけて部屋《へや》に飛《と》びこんだ。

「ううう……！」

ネコばばあは、額《ひたい》から滝《たき》のように汗《あせ》を流《なが》し、おなかをかかえてうめいている。

「待《ま》ってて！　今救急車《いまきゅうきゅうしゃ》呼《よ》ぶから!!」

拓海《たくみ》はふるえる手《て》で受話器《じゅわき》をとった。

発見《はっけん》が早《はや》かったためネコばばあは大事《だいじ》には至《いた》らずにすみ、２週間《しゅうかん》ほどの入院《にゅういん》で元気《げんき》になるそうだ。

しかし、家《いえ》をあけるとなるとその間《あいだ》ネコのめんどうを見《み》る人《ひと》はいない。

「ネコたちは保護《ほご》センターに引《ひ》き取《と》ってもらおうと思《おも》います」と、都会《とかい》に住《す》む息子《むすこ》さんが言《い》い出《だ》したが、拓海《たくみ》たちは両親《りょうしん》にたのみこんで、こうお願《ねが》いしてもらった。

**「退院《たいいん》してネコがいなくなってたら、島田《しまだ》さんが悲《かな》しみます！　めんどうはぼくたちが見《み》るからだいじょうぶです！」**

今日《きょう》も3人《にん》は、ネコ屋敷《やしき》でネコたちの世話《せわ》の真《ま》っ最中《さいちゅう》だ。川岸《かわぎし》で拾《ひろ》った子《こ》ネコも、ずいぶん大《おお》きくなった。その頭《あたま》をなでながら、拓海《たくみ》はくすくす笑《わら》った。

「何《なに》がおかしいんだよ、拓海《たくみ》」と蓮《れん》が聞《き》く。

「ネコばばあとこんなに仲《なか》よくなるなんて、思《おも》いもしなかったからさ」

「ネコばばあなんて、失礼《しつれい》だぞ、拓海《たくみ》！　島田《しまだ》さんと呼《よ》べよ」

「おまえに言《い》われたくないぞ、桔平《きっぺい》！」

3人《にん》は顔《かお》を見合《みあ》わせて大笑《おおわら》いした。明日《あした》にはネコばばあが退院《たいいん》してくる。

胸キュン☆ラブリーどうぶつ物語 第《だい》16話《わ》

# キミと出《で》会《あ》えて、よかった！

?
?
前《まえ》のご主人様《しゅじんさま》とは、
急《きゅう》に別《わか》れることになった
ぼくはこのまま
ひとりぼっちなのかな？
そう思《おも》ったとき
このカフェのオーナーに
引《ひ》き取《と》られたんだ
オーナー
こんにちは～！
おお
果歩《かほ》ちゃんいらっしゃい！
今日《きょう》もかわいいね～
いつものラテでいい？
うん、
お願《ねが》いします！

チャコ！遊《あそ》びにきたよ
この人《ひと》はカフェによく来《く》る果歩《かほ》さん
いつもぼくに話《はな》しかけてくる
ぼくがここに来《き》たばかりのころも——
かわいい～♡犬《いぬ》を飼《か》ったんですか？
お客《きゃく》さんの知《し》り合《あ》いの犬《いぬ》なんだけどね、急《きゅう》に引《ひ》っ越《こ》すことになってもらい手《て》が見《み》つからないから、
とりあえずここで預《あず》かることにしたんだ
そっかぁ…名前《なまえ》は？
あっそういえば聞《き》いてなかったな～果歩《かほ》ちゃん考《かんが》えてよ

わたしが考《かんが》えてもいいんですか？
…そうだなあ、じゃあ…チャコ！ お前《まえ》は今日《きょう》から〝チャコ〟ね！
やさしそうな人《ひと》だなと思《おも》った
でも――仲《なか》よくなったってどうせまたはなれていくんだ…

人間《にんげん》なんてみんなそうだ！
簡単《かんたん》に信《しん》じたりしないぞ！
チャコ、この前《まえ》観《み》にいった映画《えいが》の話《はなし》なんだけどね～

主人公《しゅじんこう》がかっこいいんだよ〜
果歩《かほ》さんはいろいろなことをぼくに話《はな》してくれる
好《す》きなこと家族《かぞく》や友《とも》だちのこと会社《かいしゃ》のこと…
仕事《しごと》でミスしちゃってね明日《あした》会社《かいしゃ》いやだな〜
無愛想《ぶあいそう》にしっぽもふらないぼくに
うれしそうに話《はなし》をしてくれる
…だから
今日《きょう》は寒《さむ》いね〜
ぼくはいつのまにか果歩《かほ》さんの話《はなし》を聞《き》くのが楽《たの》しみになっていた
ほら、来《く》るとちゅうに咲《さ》いてたの！

ぼくでも少《すこ》し《は》話《はな》し相手《あいて》になれているのかな
にあってるよ！♪
なんて、思《おも》っていたんだ
けれど、果歩《かほ》さんはパッタリお店《みせ》に来《こ》なくなった

最近《さいきん》、果歩《かほ》ちゃん来《こ》ないなぁ…
さてはカレシでもできたかな？
ほらね やっぱりそうだ
そうやって ぼくから はなれていくんだ

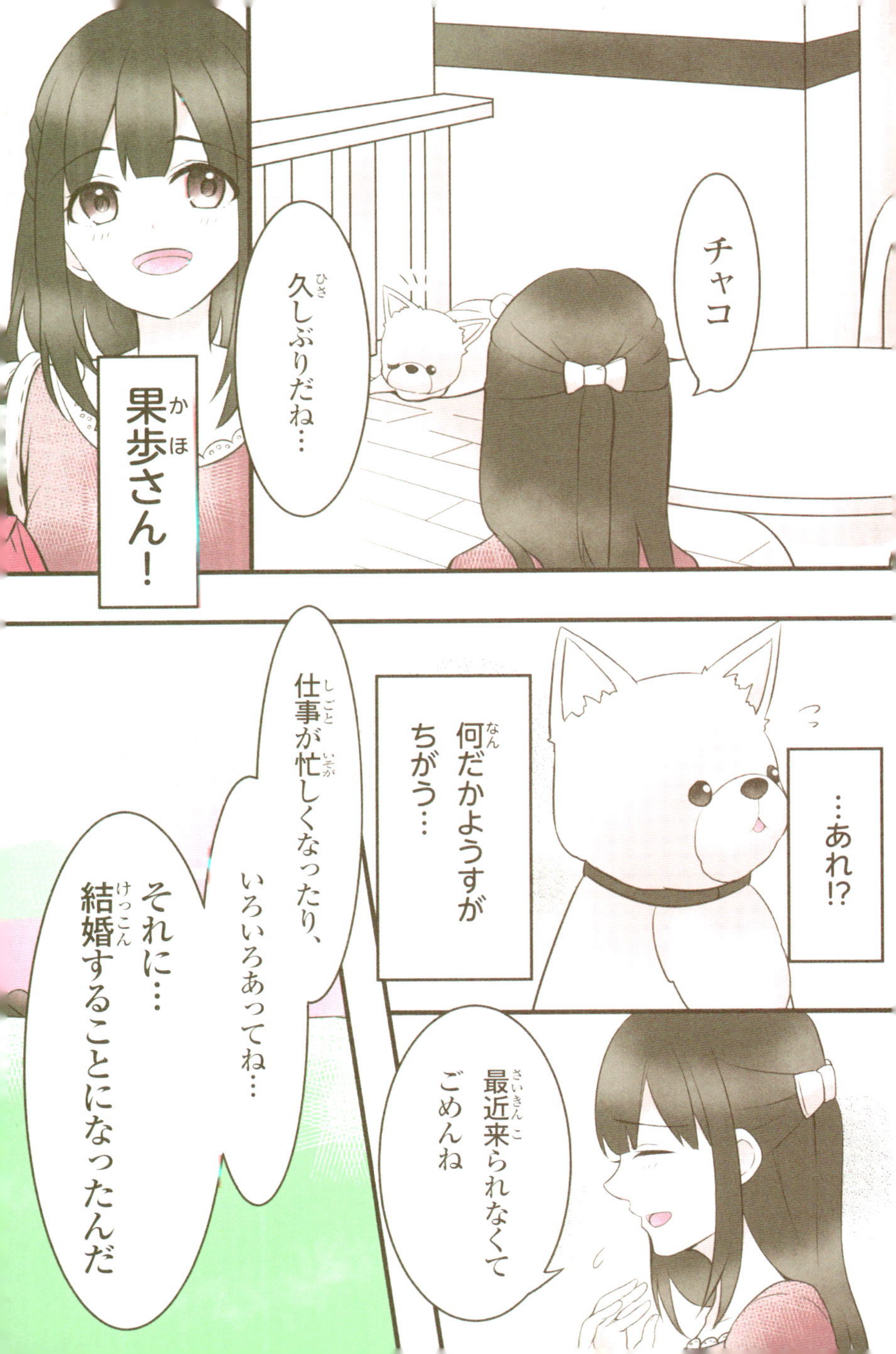
チャコ
久《ひさ》しぶりだね…
果歩《かほ》さん!
…あれ!?
何《なん》だかようすがちがう…
最近《さいきん》来《こ》られなくてごめんね
仕事《しごと》が忙《いそが》しくなったり、いろいろあってね…
それに…結婚《けっこん》することになったんだ

でもあんまり
うれしそうじゃないな…
わたしね…
今度《こんど》遠《とお》くに
引《ひ》っ越《こ》すの
…カレのつごうで
アメリカに…
今《いま》の仕事《しごと》はやめなきゃいけないの
英語《えいご》も話《はな》せないし
向《む》こうに
友《とも》だちもいないし…

わたし向《む》こうでやっていけるのかな……
そうか…果歩《かほ》さんは遠《とお》くに行《い》ってしまうのか
また、あんなさみしい気持《きも》ちになるのか
…ああ、でもぼくがさみしかったとき
やさしい言葉《ことば》をくれたのは
果歩《かほ》さんだったなぁ

ダッ
今度《こんど》はぼくが
果歩《かほ》さんに何《なに》か
してあげる番《ばん》だ！
ガタッ
チャコ⁉
パシャパシャッ

チャコー!
キラッ
も~びっくりしたよ
ん? 何《なに》…?
わー…
きれいな貝《かい》がら

わたしに!?もしかして…
がんばれって言《い》ってくれてるの？
…そうだよね うしろばっかり向《む》いてちゃ
前《まえ》に進《すす》めないよね
ありがとうチャコ
さみしくなったら これを見《み》てチャコのこと思《おも》い出《だ》すね

世界《せかい》は海《うみ》でつながってる…
わたし、アメリカでがんばってみるよ
うん ぼくもここでがんばってみる 果歩《かほ》さんのこと忘《わす》れないからね…
あっ
つんつん
ワンちゃんだ！いっしょに遊《あそ》んでくれるの？

ママー！
ワンちゃんと遊《あそ》んでくるね！
人《ひと》なつっこくていい犬《いぬ》ですね
まぁ昔《むかし》とくらべたらだいぶね
果歩《かほ》ちゃんのおかげかな…
チャコとオーナーへ
元気にがんばってます！！

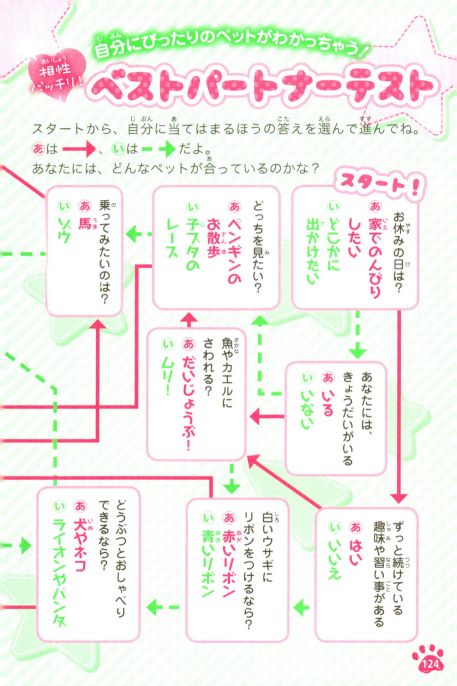

自分《じぶん》にぴったりのペットがわかっちゃう！

相性《あいしょう》バッチリ！

# ベストパートナーテスト

スタートから、自分《じぶん》に当《あ》てはまるほうの答《こた》えを選《えら》んで進《すす》んでね。

あは →、いは - - →だよ。

あなたには、どんなペットが合《あ》っているのかな？

スタート！

お休《やす》みの日《ひ》は？
あ 家《いえ》でのんびりしたい
い どこかに出《で》かけたい

どっちを見《み》たい？
あ ペンギンのお散歩《さんぽ》
い 子《こ》ブタのレース

乗《の》ってみたいのは？
あ 馬《うま》
い ゾウ

あなたには、きょうだいがいる
あ いる
い いない

魚《さかな》やカエルにさわれる？
あ だいじょうぶ！
い ムリ！

ずっと続《つづ》けている趣味《しゅみ》や習《なら》い事《ごと》がある
あ はい
い いいえ

白《しろ》いウサギにリボンをつけるなら？
あ 赤《あか》いリボン
い 青《あお》いリボン

どうぶつとおしゃべりできるなら？
あ 犬《いぬ》やネコ
い ライオンやパンダ

好《す》きなモノは？

あ 先《さき》に食《た》べる！

い 最後《さいご》に食《た》べる！

空《そら》を飛《と》んでみたい？

あ はい

い いいえ

もし、あなたがどうぶつとショーに出《で》るなら？

あ イルカと水中《すいちゅう》ショー！

い ゾウとサーカス！

夜《よる》、ねむる時間《じかん》は決《き》まっている？

あ はい

い いいえ

# 結果発表《けっかはっぴょう》

## のんびりマイペースな大型犬《おおがたけん》

やさしく、思《おも》いやりのあるあなたにピッタリなのは、大型犬《おおがたけん》だよ。あなたを理解《りかい》して包《つつ》みこんでくれる最高《さいこう》のパートナーに！

## やんちゃでパワフルな小型犬《こがたけん》

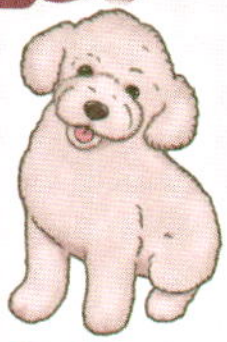

にぎやかで、楽《たの》しいことが大好《だいす》きなあなたに合《あ》うのは、小型犬《こがたけん》だよ。いつでもそばにいて、楽《たの》しい思《おも》い出《で》がいっぱいつくれちゃう！

## 愛《あい》されじょうずな小動物《しょうどうぶつ》

いやし系《けい》のあなたには、小動物《しょうどうぶつ》がいいみたい。モフモフの毛《け》をなでたり、ごはんをあげたりするだけで、心《こころ》がほんわかしちゃう！

## 美《うつく》しくしなやかな鳥《とり》

おしとやかで女《おんな》の子らしいあなたには、美《うつく》しい声《こえ》でさえずる鳥《とり》がふさわしいみたい。ひなから育《そだ》ててかわいがれば、よくなつくよ！

## 自由《じゆう》で気《き》まぐれなネコ

マイペースなあなたには、自由気《じゆうき》ままなネコがオススメ。いつもかまって欲《ほ》しいわけではない気《き》まぐれぶりが、楽《らく》でハマりそう！

おどろき！ワンダフル★

# 犬《いぬ》ってこんなコ

## 性格《せいかく》

やさしく陽気《ようき》でフレンドリー。昔《むかし》から人間《にんげん》とともに生《い》きてきた歴史《れきし》が長《なが》いから、人《ひと》と仲《なか》よし。頭《あたま》がよく、リーダーの言《い》うことをよく聞《き》くよ。

## 体《からだ》の特《とく》ちょう

運動能力《うんどうのうりょく》が高《たか》く、するどい歯《は》をもっているよ。感覚《かんかく》がすぐれていて、特《とく》ににおいをかぎわける能力《のうりょく》は人《ひと》の1億倍《おくばい》とも！

## データ

| | |
|---|---|
| 種類《しゅるい》： | 日本《にほん》にいる犬種《けんしゅ》は130種類以上《しゅるいいじょう》 |
| 毛色《けいろ》： | 茶色《ちゃいろ》、白《しろ》、黒《くろ》、ぶちなど犬種《けんしゅ》によってさまざま |
| サイズ： | チワワの体重《たいじゅう》1キロくらいからセントバーナードの体重《たいじゅう》90キロくらいの大型犬《おおがたけん》まで |
| 寿命《じゅみょう》： | 平均《へいきん》すると13歳《さい》くらい。大型犬《おおがたけん》のほうが短《みじか》い |

## 人気犬《にんきけん》ベスト5

1位《い》 トイプードル
2位《い》 チワワ
3位《い》 ミニチュア・ダックスフンド
4位《い》 柴犬《しばいぬ》
5位《い》 ポメラニアン

## 犬《いぬ》の豆知識《まめちしき》

### 犬《いぬ》の視力《しりょく》はあまりよくない

実《じつ》は犬《いぬ》は「近眼《きんがん》」。遠《とお》くのものは見《み》えにくいけれど、動《うご》くものを見《み》る動体視力《どうたいしりょく》はすぐれているから、動《うご》いているものであれば遠《とお》くからでも反応《はんのう》するよ。

### 世界《せかい》でもっとも小《ちい》さい犬《いぬ》

プエルトリコのチワワ犬《けん》は、体高《たいこう》※がたった9.65センチ、体重《たいじゅう》450グラム！

※ 地面《じめん》から肩《かた》までの高《たか》さ

### 車《くるま》なみに速《はや》く走《はし》る犬《いぬ》

全犬種《ぜんけんしゅ》の中《なか》でもっとも足《あし》が速《はや》いグレイハウンド。走《はし》る速《はや》さは時速《じそく》70キロ！　町中《まちなか》を走《はし》る車《くるま》よりも速《はや》いよ。

## 特技《とくぎ》

小《ちい》さな音《おと》やかすかなにおいにとても敏感《びんかん》だよ。すばやく走《はし》ったりジャンプしたりするのも得意中《とくいちゅう》の得意《とくい》！

## 知能《ちのう》

とてもかしこいから、しつけやトレーニングをすることができるよ。頭《あたま》がいいぶん、いたずらを考《かんが》える知恵《ちえ》もあるので飼《か》い主《ぬし》を困《こま》らせることも。

## チャームポイント

飼《か》い主《ぬし》のことをとても愛《あい》してくれる、愛情深《あいじょうぶか》いどうぶつだよ。うれしい、悲《かな》しいなどの感情表現《かんじょうひょうげん》もとても豊《ゆた》か。

## 好《す》きな遊《あそ》び

おもちゃをかじって遊《あそ》んだり、投《な》げてくれたボールを取《と》りにいくのも大好《だいす》き。毎日《まいにち》の散歩《さんぽ》も忘《わす》れないで！

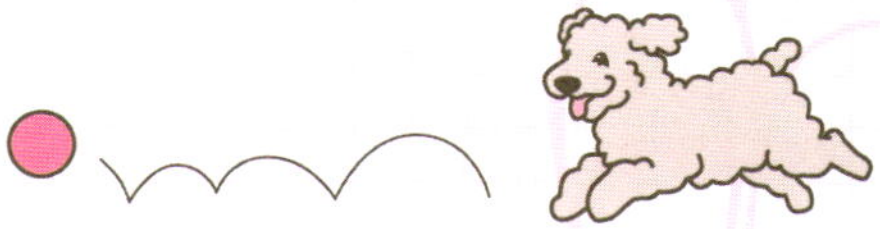

## 苦手《にがて》なこと

聞《き》き慣《な》れない音《おと》は苦手《にがて》。花火《はなび》や雷《かみなり》の音《おと》をこわがるコも多《おお》いよ。もともと集団《しゅうだん》で行動《こうどう》するどうぶつなのでひとりぼっちにするとさみしがるかも。

## 好物《こうぶつ》

お肉《にく》やペット用《よう》のおやつが好物《こうぶつ》。たくさんあげると食《た》べすぎちゃうので、犬用《いぬよう》のごはんをきちんとあげよう！

## さわられると好《す》きな場所《ばしょ》／きらいな場所《ばしょ》

### さわり方《かた》メモ

○ やさしく声《こえ》をかけてからさわろう

× 急《きゅう》に顔《かお》の前《まえ》に手《て》を出《だ》さないでね

# しぐさでわかっちゃう！ 犬《いぬ》のキモチ

犬《いぬ》は言葉《ことば》ではおしゃべりできないけど、いろいろなしぐさで気持《きも》ちを伝《つた》えてくれるよ！

## しっぽをふる

大《おお》きく左右《さゆう》にふっているのは、うれしいとき。小《こ》きざみにふっているのは興奮《こうふん》していたりおこっているとき。うしろあしの間《あいだ》にはさんでいるのは不安《ふあん》や恐怖《きょうふ》を感《かん》じているあらわれだよ。

## 上目《うわめ》づかい

上目《うわめ》づかいで飼《か》い主《ぬし》を見《み》てくるときは、おこられて「ごめんなさい」と言《い》いたいときや、あまえたいときだよ。

## きばをむいてうなる

くちびるをうしろに引《ひ》いてきばをむき出《だ》し、ウーとうなっているときは気《き》をつけて。攻撃《こうげき》しようとしているときだよ。

## 小首《こくび》をかしげる

小《ちい》さな物音《ものおと》を聞《き》き取《と》ろうとしていたり、これからおこりそうなものごとに興味《きょうみ》しんしんなときのしぐさだよ。

## 頭《あたま》を下《さ》げて、お尻《しり》を高《たか》くしてしっぽをふる

うれしそうに見《み》えるこのしぐさは、「遊《あそ》ぼうよ！」とさそっているサイン。こんなときはいっしょに遊《あそ》んであげよう！

## おなかを見《み》せる

とても安心《あんしん》して、くつろいでいる証拠《しょうこ》。逆《ぎゃく》に耳《みみ》やしっぽを折《お》りたたんでおなかを見《み》せていたら緊張《きんちょう》しているとき。「自分《じぶん》は弱《よわ》いから攻撃《こうげき》しないで」という意味《いみ》だよ。

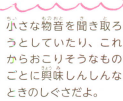

# 第《だい》2章《しょう》

## 涙《なみだ》キラリ☆

# 星《ほし》になった どうぶつ物《もの》語《がたり》

大《たい》切《せつ》なペットとのかなしい別《わか》れ……。
どうぶつたちの心《こころ》の声《こえ》が聞《き》こえてくる
愛《あい》情《じょう》あふれるお話《はなし》だよ！

涙キラ!!☆ 星になったどうぶつ物語 第《だい》17話《わ》

# ソラに届《とど》け!

もう野球《やきゅう》なんてやめ…
にゃーん！
ガサッ
!?
のらネコ!?

こ、こらっ
ぼく、エサもってないよ
すーりすーり
おまえ、すごくよごれてるなぁ…

にゃーん♥
ぷっ
ぼくと
おんなじだ
ただいまー
お母《かあ》さん
お帰《かえ》り!
おそかったわ……
!?

この子《こ》…
飼《か》っちゃダメ?
ほうって
おけなくて連《つ》れて
きちゃったけど
ダメだったら
どうしよう…
かわいい～!
こうして説得《せっとく》
すること数分《すうふん》…
お母《かあ》さんも
ず――っと
飼《か》いたかったの!
いっしょに
お父《とう》さんに
お願《ねが》いしましょ!
拾《ひろ》ったとき
夕焼《ゆうや》け空《そら》がきれい
だったから…

名前《なまえ》は…
ソラ!
ソラは家族《かぞく》になり
楽《たの》しい日々《ひび》がやってきました
6月 12
8月 8
11月 20
ただいまー 海斗《かいと》は?
ホントに仲《なか》よしだな

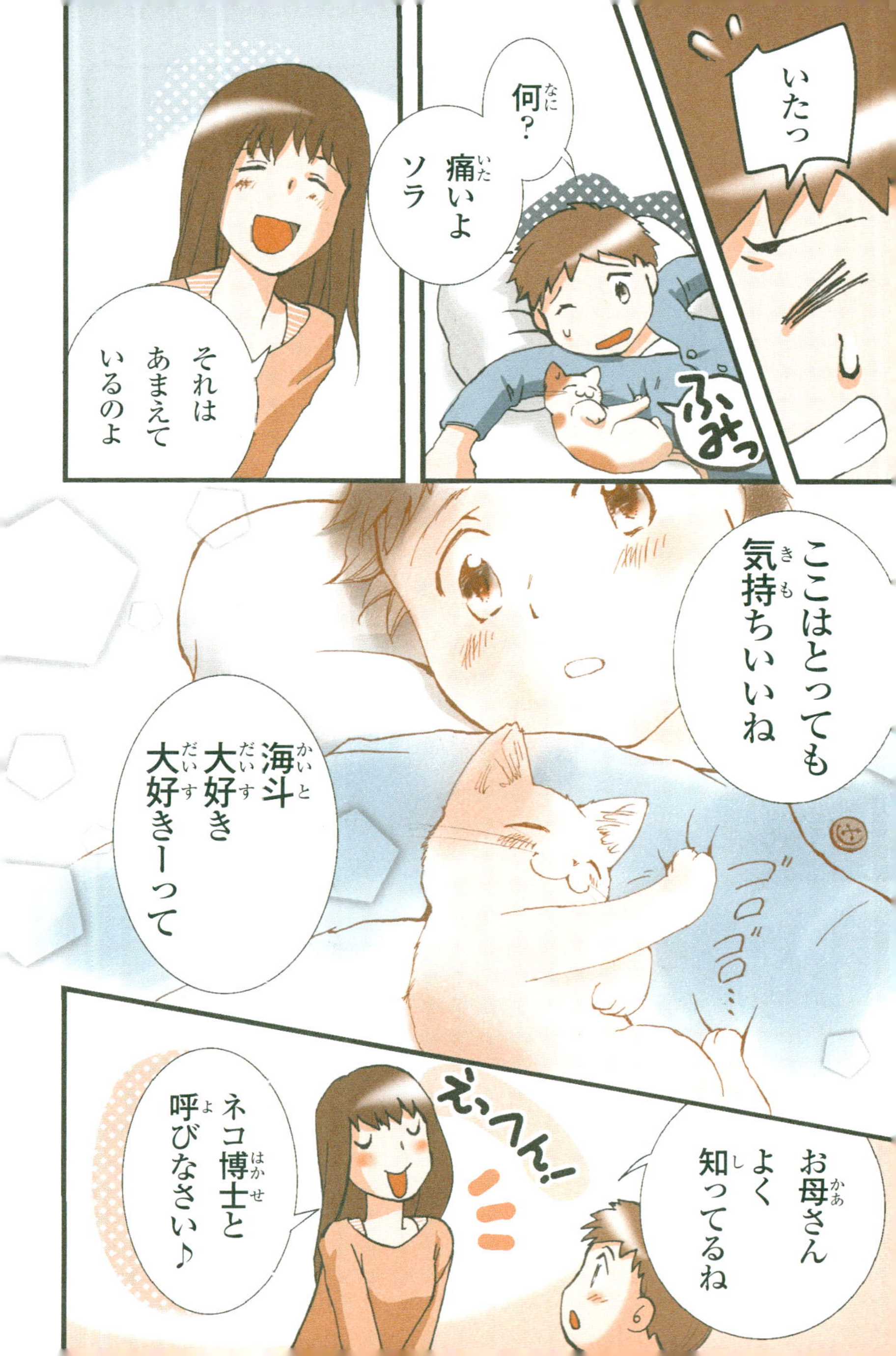
いたっ
ふみっ
何《なに》？ 痛《いた》いよ ソラ
それは あまえて いるのよ
ここはとっても 気持《きも》ちいいね
海斗《かいと》 大好《だいす》き 大好《だいす》きーって
ゴロゴロ…
お母《かあ》さん よく 知《し》ってるね
えっへん！
ネコ博士《はかせ》と 呼《よ》びなさい♪

コラ
お母《かあ》さん さっきコレで 勉強《べんきょう》してたよね
ねこのほん
ゴメンなさい かっこ つけました…
あーー
ちなみにその動《うご》きは、ママのおっぱい もんでるんだけど
ぼく女《おんな》じゃ なーーい！
ソラがうちに来《き》て1年《ねん》3か月《げつ》
今日《きょう》は練習《れんしゅう》 行《い》きたくないな…
にゃーん！

練習《れんしゅう》しなきゃ
うまくなれないもんな
行《い》ってきます!
にゃーん!

うそだろ――
ソラが
死《し》んじゃったって…
なんで!?
窓《まど》のあみ戸《ど》が
こわれてて
そこから外《そと》へ
出《で》ちゃった
みたいなの…

ただいま…
海斗《かいと》？
ガサッ
お友《とも》だちが
心配《しんぱい》してたわよ
4日《か》も練習《れんしゅう》に
来《こ》ないから…
ソラね…
ぼくが練習《れんしゅう》に
行《い》くとき…
玄関《げんかん》まで
ついてくるんだ

本当《ほんとう》は外《そと》に出《で》たかったのかな…
海斗《かいと》…
海斗《かいと》がうちにソラを連《つ》れてきたとき
ぼろぼろできたなかったよね
のらの子《こ》ネコは弱《よわ》いから
毎日《まいにち》こわい思《おも》いをしていたはずなの

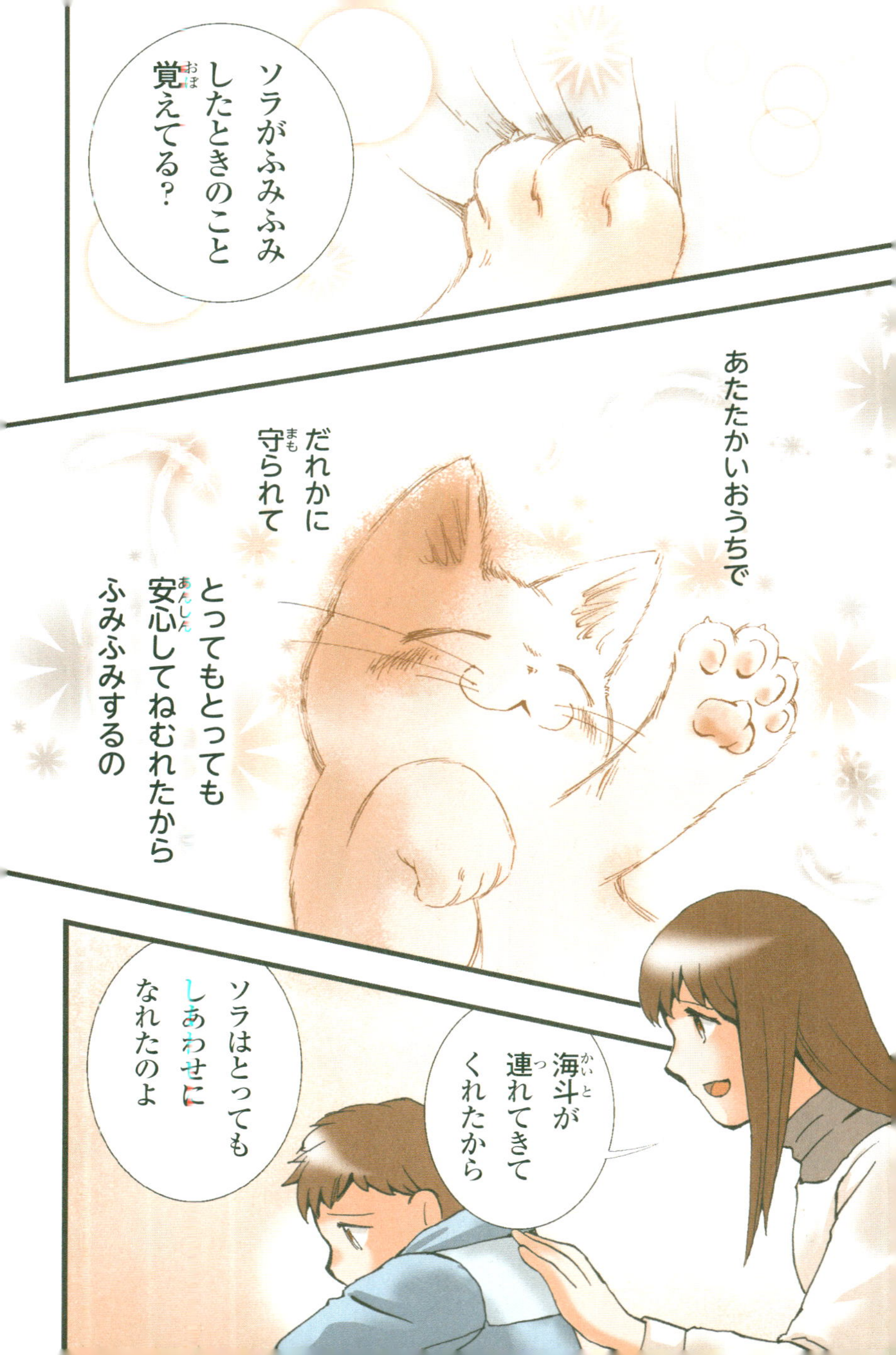

ソラがふみふみしたときのこと覚《おぼ》えてる？
あたたかいおうちで
だれかに守《まも》られて
とってもとっても安心《あんしん》してねむれたから
ふみふみするの
海斗《かいと》が連《つ》れてきてくれたから
ソラはとってもしあわせになれたのよ

帰《かえ》ってくると
だきしめてくれる
やさしい飼《か》い主《ぬし》のいる
おうちに来《こ》れたんだもの
ソラ――

ソラに会《あ》いたいよ…
うん… お母《かあ》さんも…
ねえ海斗《かいと》
ソラは…
本当《ほんとう》の空《そら》の上《うえ》に行《い》っちゃったんだろうね

本《ほん》に書《か》いて
あったんだけど…
空《そら》の上《うえ》の人《ひと》たちは
私《わたし》たちが思《おも》い出《だ》すと
とってもうれしいん
だって
それなら…
ソラのこと
思《おも》い出《だ》せば
忘《わす》れないよって
ソラに伝《つた》わるかな
そうね…
きっとこの
空《そら》は
ソラのいる遠《とお》くまで
つながってると
思《おも》うわ…

……おふろについてきて
すべって落《お》っこちちゃったことあったね
うん
お父《とう》さんのくつのにおいかいだら変《へん》な顔《かお》したよね
うん
寒《さむ》いと服《ふく》にもぐりこむからすっごくくすぐったかった
試合《しあい》に負《ま》けて
何度《なんど》ももう野球《やきゅう》やめたいって思《おも》ったけど

ソラが…
玄関《げんかん》で…
見送《みおく》ってくれるからもう一度《いちど》がんばろうって思《おも》えたんだ
ありがとうソラ…

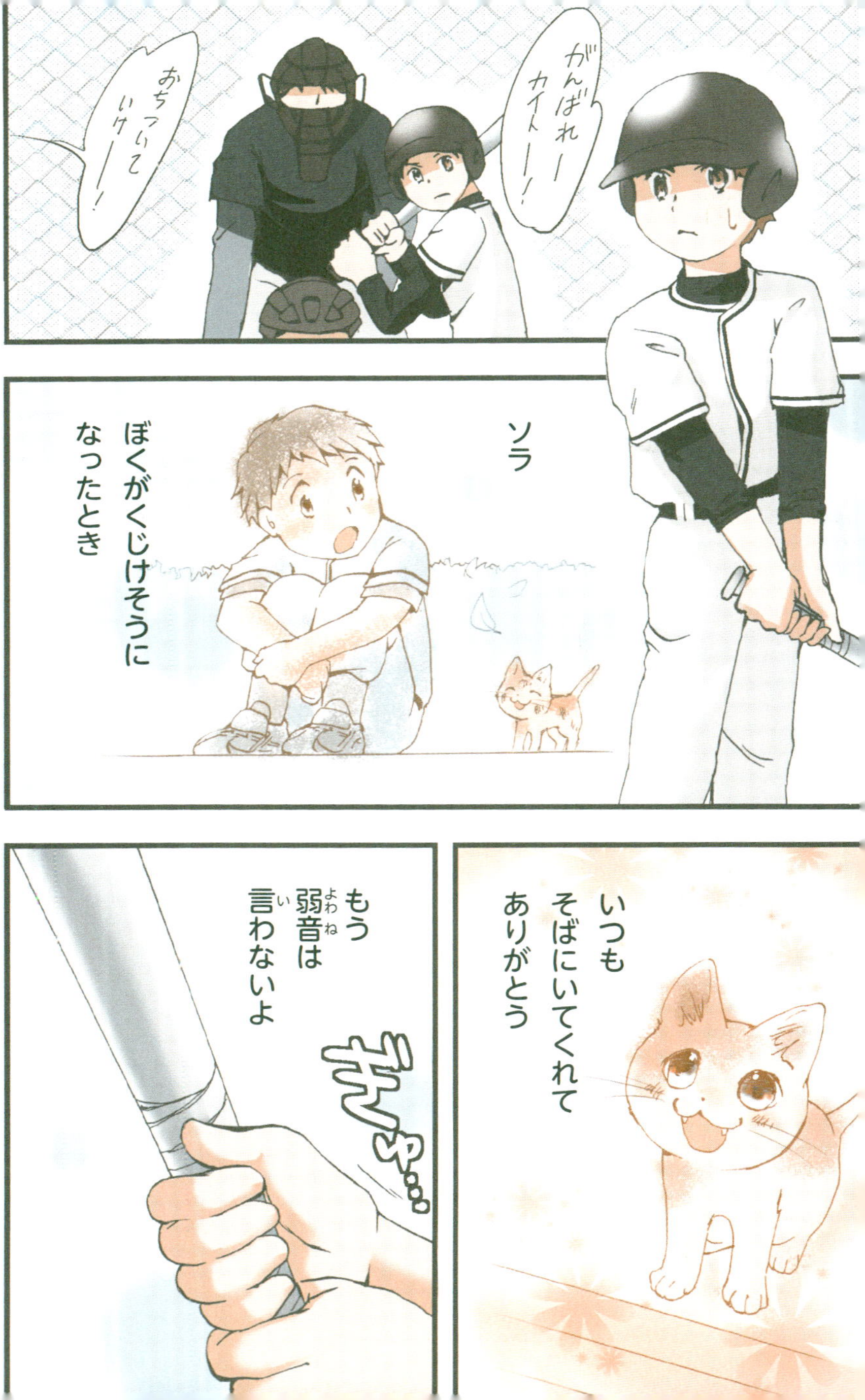
がんばれー カイトー!!
おちついて いけーー!!
ソラ
ぼくがくじけそうに なったとき
いつも そばにいてくれて ありがとう
もう 弱音《よわね》は 言《い》わないよ
ぎゅ…

あきらめるなー!
逆点逆点だー!
だって
この空《そら》の上《うえ》
ソラがずっと
見《み》ていてくれるから
キィン!

## ソラからのメッセージ

海斗《かいと》くんへ

ぼくは公園《こうえん》でひとりぼっちだった。
遊《あそ》んでいる子《こ》たちは
みんな夕方《ゆうがた》になると
帰《かえ》っちゃうから
夜《よる》がとってもこわかった。

でも、きみは
ぼくをあたたかいおうちに
連《つ》れてきてくれた。

たくさんなでてくれて　ありがとう。
いっしょにねてくれて　ありがとう。
いつもそばにいてくれて　ありがとう。

もう泣《な》かないで。
ぼくはきみのがんばりを
ずっと見《み》てきたから
わかるんだ。

だいじょうぶ。
自信《じしん》をもってー！

きみならきっと
どんなことも
乗《の》りこえていけるから。

涙キラリ☆星になったどうぶつ物語《ものがたり》 第《だい》18話《わ》

# ハッピーは、楽《たの》しかったの？

「優花《ゆうか》、ハッピーとラッキーにこれあげてよ」

5年生《ねんせい》の康史《こうじ》が、近所《きんじょ》の農家《のうか》さんから分《わ》けてもらったニンジンを渡《わた》す。それをえさ箱《ばこ》に入《い》れながら、3年生《ねんせい》の優花《ゆうか》はこんなことを言《い》い出《だ》した。

「ねえ、康《こう》ちゃん。ハッピーとラッキーがいつでも新鮮《しんせん》な葉《は》っぱを食《た》べられるように、わたし、いいこと考《かんが》えたんだ」

ここは小《ちい》さな村《むら》の小学校《しょうがっこう》。全校生徒《ぜんこうせいと》15人《にん》は、かわりばんこに校庭《こうてい》で飼《か》う2匹《ひき》のウサギの世話《せわ》をするのが日課《にっか》だった。ハッピーはうす茶色《ちゃいろ》、ラッキーは白《しろ》い毛《け》をしたかわいいウサギだ。

「ウサギ小屋《ごや》の中《なか》にね、タンポポやクローバーの種《たね》をまくの。そしたら小屋《こや》の中《なか》が

野原《のはら》になって、ふたりともいつでも好《す》きなだけ草《くさ》が食《た》べられるでしょ！」

「それ、すげーいいアイデア！」

話《はなし》を聞《き》いていたみんなも大賛成《だいさんせい》だ。さっそくクローバーの種《たね》を買《か》い、学校《がっこう》の近《ちか》くの草《くさ》むらでタンポポの綿毛《わたげ》を集《あつ》めて、小屋《こや》の土《つち》にまいた。

やがて小屋《こや》の中《なか》は、緑《みどり》のカーペットをしいたようになった。

「2匹《ひき》ともうれしそうだね！」

ハッピーとラッキーはぴょんぴょんはね回《まわ》り、もぐもぐと草《くさ》を食《た》べている。そのようすを、子《こ》どもたちはしあわせそうに見《み》つめていた。

それからひと月《つき》ほどあとのことだ。小屋《こや》のそう

じをしていた4年生《ねんせい》の子《こ》が、ハッピーのようすがおかしいことに気《き》がついた。すみでまるくなって動《うご》こうとしない。先生《せんせい》が連絡《れんらく》して、村《むら》の獣医《じゅうい》さんに学校《がっこう》に来《き》てもらった。

「うーむ。これはおなかの中《なか》にしこりができてるねぇ」

獣医《じゅうい》さんは、ハッピーのおなかを両手《りょうて》でさわりながらそう言《い》った。

「しばらく前《まえ》からできていたみたいだよ……ちょっと大《おお》きなしこりだ」

「なおりますか?」

6年生《ねんせい》の友香《ともか》が不安《ふあん》そうにたずねると、獣医《じゅうい》さんはまゆをよせた。

「残念《ざんねん》だけど、長《なが》くは生《い》きられないかもしれない……」

それを聞《き》いて女《おんな》の子《こ》たちは泣《な》き出《だ》した。ことに優花《ゆうか》はひどいショックを受《う》けた。まるで自分《じぶん》のペットのようにかわいがっていたからだ。

「わたしのせいだ……クローバーとタンポポがいけなかったんだ……」

思《おも》いつめた表情《ひょうじょう》でそうつぶやく優花《ゆうか》のかわりに、友香《ともか》が小屋《こや》の中《なか》に種《たね》をまいた話《はなし》を獣医《じゅうい》さんに話《はな》した。

「どちらもウサギにはとてもいい野草《やそう》だよ。病気《びょうき》とは関係《かんけい》ないよ」

そう獣医《じゅうい》さんに言《い》われても、優花《ゆうか》は自分《じぶん》をせめた。

「もっと早《はや》く、ハッピーの病気《びょうき》に気《き》づいてあげられていたら……」

みんなは小屋《こや》の中《なか》に毛布《もうふ》をしいて、そこにハッピーをそっとおろした。

「ごめんねハッピー」と言《い》いながら、優花《ゆうか》は泣《な》き続《つづ》けている。

「優花《ゆうか》、つらいのはわかるけど、わたしたちが泣《な》いてばかりいると、そういうのってハッピーにも伝《つた》わると思《おも》うの」

6年生《ねんせい》の美帆《みほ》が、真《ま》っ赤《か》な目《め》できっぱり言《い》った。

「だからみんな、いつもどおり明《あか》るく接《せっ》するようにしようよ！　**ハッピーは元気《げんき》になるって信《しん》じて、世話《せわ》をしよう！**」

それからというもの、みんなは今《いま》まで以上《いじょう》に2匹《ひき》を大切《たいせつ》にした。ハッピーが心地《ここち》よく過《す》ごせるように、こまめに小屋《こや》のそうじをし、日曜日《にちようび》も学校《がっこう》へようすを見《み》にいった。しかし、ハッピーが少《すこ》しずつ弱《よわ》っていくのは、とめられなかった。

ある日《ひ》、6年生《ねんせい》の友香《ともか》と美帆《みほ》が心配《しんぱい》して朝早《あさはや》くウサギの小屋《こや》を見《み》にいくと、小屋《こや》の中《なか》で優花《ゆうか》が泣《な》きながらハッピーをひざにだいていた。

「わたし、ハッピーが心配《しんぱい》で……。ハッピーを不安《ふあん》にさせちゃいけないのはわかっているんだけど……」

それを見《み》て、友香《ともか》と美帆《みほ》も涙《なみだ》をこぼした。ふたりだって明《あか》るくふるまっていたけ

れど、本当《ほんとう》はつらくてしかたなかったのだ。

その2日後《かご》、とうとうハッピーは何《なに》も食《た》べられなくなってしまった。

「どうした？　今日《きょう》は授業《じゅぎょう》に集中《しゅうちゅう》できないのか？」

国語《こくご》の授業中《じゅぎょうちゅう》、窓《まど》の外《そと》ばかり見《み》ている優花《ゆうか》に、先生《せんせい》が言《い》った。

「ハッピーがどうしているかと思《おも》って……」

優花《ゆうか》がつぶやくと、先生《せんせい》はしばらくだまって、パタンと教科書《きょうかしょ》を閉《と》じた。

「そうだね。先生《せんせい》も心配《しんぱい》だ。勉強《べんきょう》は少《すこ》し中断《ちゅうだん》して、みんなで小屋《こや》へ行《い》こうか」

優花《ゆうか》たちは校庭《こうてい》へかけ出《だ》した。それを見《み》て、低学年《ていがくねん》や高学年《こうがくねん》の子《こ》たちも、先生《せんせい》たちといっしょに小屋《こや》へと集《あつ》まってきた。

「ハッピー、だいじょうぶだよ。みんなそばにいるからね」

ぐったりと横《よこ》になったハッピーを、優花《ゆうか》たちは取《と》り囲《かこ》んだ。ハッピーはやせほそった体《からだ》で必死《ひっし》に息《いき》をしていたけれど、だんだん呼吸《こきゅう》が弱《よわ》くなっていき、そのまま動《うご》かなくなった。

「先生《せんせい》、ハッピーは死《し》んじゃったんですか？」

先生《せんせい》は、しずかにうなずいてこう言《い》った。

「みんな、ハッピーにありがとうを言《い》おう」

「ハッピー……！」

子《こ》どもたちはいっせいに泣《な》き出《だ》した。男《おとこ》の子《こ》たちは必死《ひっし》に涙《なみだ》をこらえている。

「ハッピー、死《し》なないで！」

「やだよー！」

「起《お》きて、遊《あそ》ぼうよ！」

優花《ゆうか》はハッピーをだきしめた。まだあたたかいのに、トクトクという心臓《しんぞう》の音《おと》が聞《き》こえない。涙《なみだ》があふれてのどがつまり、優花《ゆうか》は何《なに》も言《い》えなかった。

ハッピーは、校庭《こうてい》のすみにつくったお墓《はか》の中《なか》で、ゆっくりとねむっている。みんなが書《か》いた手紙《てがみ》や絵《え》といっしょに。優花《ゆうか》がかいたのは、クローバーの上《うえ》ではねるハッピーだ。

優花《ゆうか》はもう泣《な》いていない。

（ハッピー、楽《たの》しかった？　わたしたちといて、楽《たの》しかった？）

何度《なんど》聞《き》いても答《こた》えは返《かえ》ってこないけれど、ハッピーと過《す》ごした時間《じかん》はわたしたちにとってかけがえのないものだったよ。ありがとう、ハッピー。

**ハッピーはいつまでも、わたしたちの心《こころ》の中《なか》にいるよ。**

# ハッピーからのメッセージ

優《ゆう》花《か》ちゃん
わたしはみんなと
いっしょにいられて
とってもしあわせだったよ！
いつもみんながそばにいてくれたから
全然《ぜんぜん》さみしくなかった。
みんなにうーんと
かわいがってもらって
とってもハッピーだった。

わたしたちのおうちに
クローバーとタンポポの種《たね》をまいてくれたとき
すっごくうれしかった。
草《くさ》の上《うえ》でのんびりねそべったり
ラッキーといっしょにぴょんぴょん
はね回《まわ》ったりしたのも楽《たの》しかったなぁ！

これからは遠《とお》くから、
大好《だいす》きなみんなが
いつもハッピーでいられるように
いのっているね！

涙キラリ☆ 星になったどうぶつ物語 第《だい》19話《わ》

# チャッピーは胸《むね》の中《なか》に

彩《あや》は明日《あした》、心臓《しんぞう》の手術《しゅじゅつ》をする。

「手術《しゅじゅつ》をすれば必《かなら》ず元気《げんき》になるよ」

先生《せんせい》からそう言《い》われても、彩《あや》は不安《ふあん》でしかたなかった。

「ママ……」

病室《びょうしつ》にとまってくれたママに、彩《あや》は暗《くら》やみの中《なか》で話《はな》しかけた。

「どうしたの彩《あや》？」

「チャッピー、どうしているかな……」

チャッピーは、彩《あや》の家《いえ》のネコだ。彩《あや》が生《う》まれる前《まえ》から家《いえ》にいて、チャッピーと彩《あや》は姉妹《しまい》のように育《そだ》った。

「彩《あや》が泣《な》くと、ママよりも先《さき》にチャッピーが飛《と》んでいったもんだよ」と、パパはなつかしそうによく話《はな》してくれる。彩《あや》がねるまで、チャッピーはいつもベッドで寄《よ》りそってくれた。楽《たの》しいときも不安《ふあん》なときも、いつも彩《あや》のそばにはチャッピーがいた。

「チャッピーは……」

ママは少《すこ》し口《くち》ごもって、でもすぐに明《あか》るく言《い》った。

「元気《げんき》よ！　でも年《とし》のせいかしら。少《すこ》し足腰《あしこし》も弱《よわ》くなって、昼間《ひるま》ねていることが増《ふ》えたかな。彩《あや》がそばにいなくてつまらないのかもしれないわね」

そしてママは、こんな話《はなし》をしてくれた。

「彩《あや》が生《う》まれる前《まえ》にね、チャッピーが急《きゅう》にあまえんぼうになったの。だっこされるのも好《す》きじゃなかったのに、突然自分《とつぜんじぶん》からひざに乗《の》るようになって、ママのおなかをおしてニャーニャー鳴《な》いたのよ。それからしばらくして、ママのおなかにあなたがいるってわかったの」

「それほんと？」

「本当《ほんとう》よ。チャッピー、きっと焼《や》きもち焼《や》いたのね。『赤《あか》ちゃんにママをとられちゃう〜』って」

「でもチャッピーはわたしに意地悪《いじわる》したこと、一度《いちど》もないよ」

「そうね。チャッピーはいつも彩《あや》にやさしかった。今《いま》もそうでしょ？」

病気《びょうき》のせいで、彩《あや》はときどきたまらなく不安《ふあん》になる。そのたび、かたわらに寄《よ》りそうチャッピーをだきよせた。あたたかくていいにおいの毛《け》に顔《かお》をうずめ、トクトクいうチャッピーの心臓《しんぞう》の音《おと》を聞《き》いていると、ふしぎと落《お》ち着《つ》いてくるからだ。チャッピーは、それがわかっているかのように、じっと彩《あや》の胸《むね》にだかれていた。

「早《はや》くチャッピーに会《あ》いたいな。退院《たいいん》したら、今度《こんど》はわたしがあまえさせてあげなくちゃ」

彩《あや》は自分《じぶん》に言《い》い聞《き》かせるように、そう言《い》った。

翌日《よくじつ》、家族《かぞく》に見送《みおく》られて手術室《しゅじゅつしつ》に入《はい》った彩《あや》は、麻酔《ますい》で意識《いしき》が遠《とお》のいていくのを感《かん》じていた。自分《じぶん》の心音《しんおん》を必死《ひっし》で聞《き》いていようとするけれど、もやもやと音《おと》の輪郭《りんかく》がなくなってくる。気《き》がつくと彩《あや》は、何《なに》もない真《ま》っ白《しろ》な世界《せかい》にひとり立《た》ち、まぶしくて目《め》もあけていられないほどの光《ひかり》に包《つつ》まれていた。その中《なか》で、「彩《あや》…」と、だれかが自分《じぶん》を呼《よ》んでいた。

声《こえ》のするほうへ歩《ある》いていくと、そこにいたのは、チャッピーだった。

＊　＊　＊　＊　＊

「チャッピー!!」

彩《あや》はチャッピーをだきしめた。

「何《なに》してるの、こんなところで？」

「彩《あや》に会《あ》いにきたんだよ」

「病院《びょういん》にネコは来《き》ちゃいけないって、お医者《いしゃ》さんにおこられなかった？」

「平気《へいき》。『ネコじゃないよ。彩《あや》のお姉《ねえ》ちゃんだよ』って言《い》ったの」

「チャッピーってば、おかしい！」

「彩《あや》、だいじょうぶ？」と、チャッピーは心配《しんぱい》そうにたずねた。

「こわかったけど、チャッピーが来《き》てくれたからもう平気《へいき》。チャッピーは元気《げんき》？」

「うん。でも、これから遠《とお》くに行《い》かなくちゃいけないの」

「なんで？　どこへ行《い》くっていうの？」

「あっち」と、チャッピーは、ずっと先《さき》にある光《ひかり》の出口《でぐち》を指《ゆび》さした。

「彩《あや》にバイバイしにきたよ」

「チャッピー、なんで急《きゅう》にそんなこと言《い》うの？」

彩《あや》はチャッピーをギュッとだきしめて、はっと気《き》がついた。

「どうしてこんなにやせちゃったの？」

チャッピーは、ただほほえみながら前《まえ》あしを2本《ほん》、彩《あや》の胸《むね》の真《ま》ん中《なか》に当《あ》てた。

## チャッピーは胸《むね》の中《なか》に

チャッピーは彩《あや》のほほをやさしくなでると、やがて光《ひかり》の出口《でぐち》のほうへ向《む》かって歩《ある》き出《だ》した。

「チャッピー！　待《ま》ってよ！　行《い》かないで！」

何度《なんど》もさけぶ彩《あや》に、チャッピーは一度《いちど》だけふり向《む》いた。

「彩《あや》に会《あ》えて、うれしかったよ」

それきりチャッピーは、ふり返《かえ》らずにまっすぐ光《ひかり》の向《む》こうへと消《き》えていった。

それからどれくらい経《た》っただろう。彩《あや》が目《め》を覚《さ》ますと、病室《びょうしつ》でママとパパが心配《しんぱい》そうに見《み》つめていた。

「気《き》がついたのね。彩《あや》、手術《しゅじゅつ》は成功《せいこう》よ！」

涙《なみだ》を流《なが》すママに、彩《あや》は聞《き》いた。

「チャッピーはどこ？」

「チャッピー？」

パパが少《すこ》しおどろいて聞《き》き返《かえ》した。

「夢《ゆめ》に出《で》てきたの。わたしの苦《くる》しいのをもっていってあげるって……」

「きっと彩《あや》をはげまそうと、夢《ゆめ》の中《なか》に出《で》てきてくれたのね」と、ママは涙《なみだ》をぬぐった。

それを聞《き》くと、彩《あや》は安心《あんしん》したように、またねむりに落《お》ちた。

その夜《よる》、家《いえ》では、チャッピーが彩《あや》のベッドの上《うえ》で冷《つめ》たくなっていた。

両親《りょうしん》は言《い》わなかったが、彩《あや》が入院《にゅういん》してから、チャッピーの体調《たいちょう》が急《きゅう》に悪《わる》くなっていたのだ。

翌日《よくじつ》、冷《つめ》たくなったチャッピーを見《み》つけた両親《りょうしん》は、そのほほをなでると、声《こえ》をつまらせて泣《な》いた。

「チャッピー。おまえのおかげで、彩《あや》はきっと元気《げんき》になるよ」

「安心《あんしん》してねむりなさい。ありがとう、チャッピー……」

## チャッピーからのメッセージ

彩《あや》、ごめんね。
わたし天国《てんごく》へ行《い》くの。
彩《あや》が悲《かな》しいとき、
いつもそばにいたのに、
あなたを悲《かな》しませて
しまうのかな。

彩《あや》がママのおなかにいたとき、
「早《はや》く会《あ》いたいよ」って呼《よ》んだの。
聞《き》こえた？

ママは、わたしが焼《や》きもち
焼《や》いたって言《い》うけど、ちがうよ。
かわいい妹《いもうと》がおなかに見《み》えて
すっごくうれしかったんだ。
彩《あや》はもう元気《げんき》になるよ。
お友《とも》だちといっぱい遊《あそ》んで
大《おお》きくなって。
ときどきはわたしも思《おも》い出《だ》してね。
わたしは彩《あや》を
ずっと見《み》てるよ。

涙キラリ☆ 星になったどうぶつ物語
第《だい》20話《わ》

# 加《か》代《よ》さんとポン

加《か》代《よ》さんは80歳《さい》をすぎたおばあちゃん。だんなさんが亡《な》くなってから、愛犬《あいけん》のポンとふたり暮《ぐ》らしだ。

加《か》代《よ》さんのだんなさんは若《わか》いころから海外旅行《かいがいりょこう》が大好《だいす》きで、いつも加《か》代《よ》さんといっしょに世界《せかい》を旅《たび》していた。そんなだんなさんが、「ベルギーのまんがで、主人《しゅじん》公《こう》といっしょに冒険旅行《ぼうけんりょこう》に出《で》かける犬《いぬ》なんだ」と選《えら》んだのが、ワイヤー・フォックス・テリアのポンだったのだ。

だんなさんが天国《てんごく》に行《い》ってしまった今《いま》、加《か》代《よ》さんが出《で》かけるところといえば、近《きん》所《じょ》の商店街《しょうてんがい》と公園《こうえん》くらいになった。それでも、ポンといっしょに町《まち》を歩《ある》くと、加《か》代《よ》さんはまるでヨー

ロッパの貴婦人《きふじん》のように見《み》えた。

「加代《かよ》さん、こんにちは。おいしいリンゴが入《はい》りましたよ」と八百屋《やおや》さんが言《い》えば、「加代《かよ》さん、すてきなカーディガンですね。今夜《こんや》も寒《さむ》くなるようですから、あたたかくしてくださいね」とお肉屋《にくや》さんも声《こえ》をかける。

みんながいつも気《き》づかってくれるので、加代《かよ》さんはさびしくなかった。何《なに》より、そばにはいつもポンがいたから。

そんな加代《かよ》さんが、この冬《ふゆ》、商店街《しょうてんがい》に顔《かお》を見《み》せなくなった。心配《しんぱい》したパン屋《や》の奥《おく》さんがようすを見《み》にいくと、玄関《げんかん》に現《あらわ》れたのは加代《かよ》さんの娘《むすめ》さんだった。

「母《はは》は体調《たいちょう》をくずして3週間《しゅうかん》ほどねこんでいるんです。年《とし》をとっていますし、このままひとり暮《ぐ》らしも心配《しんぱい》なので、わたしの家《いえ》でいっしょに暮《く》らそうと思《おも》っているんですよ……」

聞《き》けば、半年《はんとし》ほど前《まえ》に病気《びょうき》が見《み》つかって、治療《ちりょう》していたのだという。

「では、もう加代《かよ》さんとポンには会《あ》えなくなるんですね……」

娘《むすめ》さんの家族《かぞく》は車《くるま》で2時間《じかん》ほどのところに暮《く》らしていると聞《き》いて、パン屋《や》の奥《おく》さんは残念《ざんねん》がった。でも、病気《びょうき》ではしかたがない。すると、娘《むすめ》さんが「実《じつ》は……」と、こう打《う》ち明《あ》けた。

「わが家《や》のマンションは犬《いぬ》が飼《か》えないいんです。ポンを飼《か》ってくれそうな親《しん》せきや知人《ちじん》を探《さが》しているんですが、まだ見《み》つからなくて……」

パン屋《や》の奥《おく》さんはおどろいた。加代《かよ》さんにとってポンがどれだけ大事《だいじ》か、よく知《し》っていたからだ。

「母《はは》のためにできれば連《つ》れていきたいのですが、どうしても無理《むり》なんですよ」

娘《むすめ》さんの困《こま》り果《は》てたようすに、パン屋《や》の奥《おく》さんはこう言《い》った。

「うちの店《みせ》にはり紙《がみ》を出《だ》してみましょうか？　商店街《しょうてんがい》にもポンを引《ひ》き取《と》れる人《ひと》がいるかもしれませんから」

「それはとても助《たす》かります。よろしくお願《ねが》いします！」

商店街《しょうてんがい》のみんなは、せめて加代《かよ》さんを知《し》っている人《ひと》にポンを飼《か》って欲《ほ》しいと、手《て》をつくした。そのかいあって、本屋《ほんや》のご主人《しゅじん》がポンを引《ひ》き取《と》り、育《そだ》てることになった。ご主人《しゅじん》は昔《むかし》、加代《かよ》さんのだんなさんと旅行《りょこう》に行《い》くほど親《した》しい間《あいだ》がらだった。

加代《かよ》さんの引《ひ》っ越《こ》しの日《ひ》、本屋《ほんや》のご主人《しゅじん》がポンを引《ひ》き取《と》りにいくと、娘《むすめ》さんにつきそわれて車椅子《くるまいす》に乗《の》った加代《かよ》さんが出《で》てきた。きっとずいぶん泣《な》いたのだろう。加代《かよ》さんの目《め》は真《ま》っ赤《か》だった。

「ポンのこと、どうかどうかよろしくお願《ねが》いします」

「加代《かよ》さん安心《あんしん》してください。必《かなら》ず大事《だいじ》にしますから。元気《げんき》になったらいつでもポンに会《あ》いにきてくださいね」

加代《かよ》さんは何《なに》も答《こた》えず、たださびしそうにほほえんだ。

ポンは、「なんで自分《じぶん》はこのおじさんと行《い》かなければいけないんだ」といったようすで、足《あし》をふんばって前《まえ》へ進《すす》もうとしない。ずっと加代《かよ》さんのほうを見《み》て、「クーンクーン」と鳴《な》き続《つづ》けた。

「ドアを閉《し》めてちょうだい」

加代《かよ》さんは、つらい別《わか》れを断《た》ち切《き》るように、娘《むすめ》さんに言《い》った。

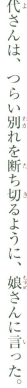

こうして、ポンは本屋《ほんや》さんの看板犬《かんばんけん》になった。春《はる》が過《す》ぎ、夏《なつ》が行《い》き、また秋《あき》が来《き》た。このところ、ポンは本屋《ほんや》の店先《みせさき》で空《そら》ばかり見上《みあ》げている。

「ポン、どうした？　加代《かよ》さんのことを思《おも》い出《だ》しているのかい？」

本屋《ほんや》のご主人《しゅじん》がたずねると、ポンはちょっとふり向《む》いて、また空《そら》を見《み》た。

加代《かよ》さんが娘《むすめ》さんの家《いえ》で暮《く》らすようになってから、ポンは一度《いちど》も加代《かよ》さんに会《あ》っていない。こちらからポンを連《つ》れていっても、また別《わか》れるときに加代《かよ》さんがつらいと思《おも》い、本屋《ほんや》のご主人《しゅじん》は、迷《まよ》っていた。でも、娘《むすめ》さんによると、近《ちか》ごろの加代《かよ》さんは、急《きゅう》に病状《びょうじょう》が進《すす》んだという。

「ポン、加代《かよ》さんに会《あ》いたいかい？」

ポンはしっぽを少《すこ》しふって、「クーン」と鳴《な》いた。

「そうだね。今度《こんど》会《あ》いにいってみよう」

本屋《ほんや》のご主人《しゅじん》は、さっそくつぎの休《やす》みの日《ひ》に、ポンを連《つ》れて加代《かよ》さんのもとを訪《おとず》れた。ベッドに横《よこ》たわった加代《かよ》さんは、以前《いぜん》よりもやせて体《からだ》もひと回《まわ》り小《ちい》さくなっていた。けれど、昔《むかし》のままの笑顔《えがお》で両手《りょうて》を広《ひろ》げ、「ポン、おいで！」と呼《よ》んだ。

ポンはちぎれんばかりにしっぽをふって、加代《かよ》さんに飛《と》びついた。

「加代《かよ》さん、ごめんなさい。こんなことなら、もっと早《はや》く連《つ》れてくるべきでした」

「いいんですよ。お忙《いそが》しいのにこんなに遠《とお》くまで来《き》ていただいて、本当《ほんとう》にありがとうございました」

加代《かよ》さんは、涙《なみだ》を流《なが》した。

ポンは、やさしくほほえながら、うれしそうにそのほほをなめていた。

＊＊＊＊＊

それから春《はる》が来《き》て、あるあたたかな雨《あめ》の晩《ばん》。本屋《ほんや》のご主人《しゅじん》の家《いえ》でポンが亡《な》くなった。1週間前《しゅうかんまえ》に突然体調《とつぜんたいちょう》をくずし、動物病院《どうぶつびょういん》へ連《つ》れていったが、あっというまのできごとだった。

「加代《かよ》さんにはとても言《い》えないよ」と、本屋《ほんや》のご主人《しゅじん》は商店街《しょうてんがい》のみんなとひっそりポンのお葬式《そうしき》をした。

その数日後《すうじつご》、加代《かよ》さんの娘《むすめ》さんから電話《でんわ》があった。

「先日《せんじつ》、母《はは》が息《いき》をひきとりました。みなさんにはとても親切《しんせつ》にしていただいて、ありがとうございました」

それはポンが亡《な》くなったのと、同《おな》じ晩《ばん》だった。

## ポンからのメッセージ

ぼくを引《ひ》き取《と》ってくれた
本屋《ほんや》のおじさん！
いつもぼくを見《み》るとやさしく
声《こえ》をかけてくれた
商店街《しょうてんがい》のみなさん！

今《いま》までぼくたちに
あたたかく接《せっ》してくれてありがとう。
加代《かよ》さん夫婦《ふうふ》にかわいがられて
この町《まち》で暮《く》らせたこと、
とってもとってもしあわせだった。

ぼくは
天国《てんごく》で大好《だいす》きな
加代《かよ》さんとだんなさんに
ふたたび出会《であ》い、
いっしょにいるよ。

天国《てんごく》で元気《げんき》にしているから
安心《あんしん》してね。
ぼくはひとりぼっちじゃない。
だって、ぼくのそばには
いつもふたりがいてくれるから——。

涙キラリ☆
星になったどうぶつ物語
第《だい》21話《わ》

# ミントのかおり

「ミント、がんばったね。もう病気《びょうき》で苦《くる》しむこともないよ」

樹里《じゅり》は、小箱《こばこ》にレースをしいて、そこにミントをねかせた。

「ミントのごはんも入《い》れてあげようよ。おなかがすかないように」

妹《いもうと》の舞《まい》は、ミントが好《す》きだったアワの穂《ほ》を、小箱《こばこ》にそっとつめた。

昨晩《さくばん》、樹里《じゅり》の手《て》のひらの中《なか》で、かわいがっていた文鳥《ぶんちょう》のミントが天国《てんごく》へと旅立《たびだ》った。あんなに赤《あか》かったくちばしも目《め》のまわりのアイリングも、すっかり色《いろ》あせて、しっとりと重《おも》かった体《からだ》も、まるでカラカラと音《おと》を立《た》てそうに軽《かる》い。

「庭《にわ》にミントのお墓《はか》をつくってあげよう」

パパはそう言《い》うと、庭《にわ》の一角《いっかく》に小《ちい》さな穴《あな》をほり、樹里《じゅり》と舞《まい》は、ミントの体《からだ》を小箱《こばこ》

ごとその穴《あな》におろした。

「ミントにお別《わか》れを言《い》いましょ」

ママがそう言《い》うと、樹里《じゅり》と舞《まい》はまた泣《な》き出《だ》した。

「ミントに土《つち》をかぶせるなんていやだっ！　暗《くら》くて、ミントがこわがるもん」

舞《まい》が泣《な》きじゃくると、その小《ちい》さな肩《かた》をパパはだきしめた。

「だいじょうぶだよ。土《つち》はミントのおふとんみたいなものなんだ。あたたかくて、ほっとするんだよ」

「ほんと？」

「本当《ほんとう》さ。こうすると、安心《あんしん》して天国《てんごく》へ行《い》けるんだよ」

樹里《じゅり》は小《ちい》さなシャベルでミントのねむる小箱《こばこ》に少《すこ》しずつ土《つち》をかけた。その上《うえ》に舞《まい》が庭《にわ》の草花《くさばな》をつんでかざり、ふたりはいつまでも手《て》を合《あ》わせた。

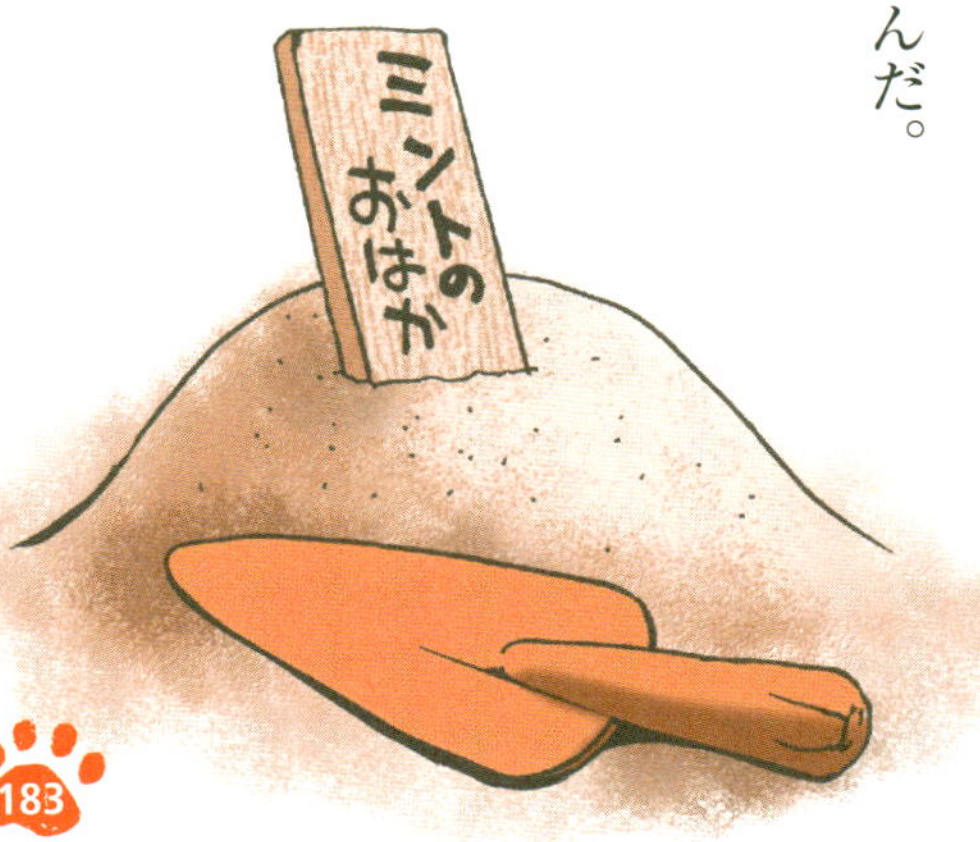

「ミント、さよなら。ありがとう」
「ミント、天国《てんごく》でしあわせに暮《く》らしてね」

ミントが樹里《じゅり》たちの家《いえ》に来《き》たのは、２年前《ねんまえ》のある春《はる》の日《ひ》。学校《がっこう》から帰《かえ》って２階《かい》へあがった樹里《じゅり》は、自分《じぶん》の部屋《へや》に見《み》たこともない鳥《とり》がいるのを見《み》つけた。

「きゃーっ！　ママー、来《き》て！　わたしの部屋《へや》に鳥《とり》がいる！」

樹里《じゅり》のさけび声《ごえ》におどろいて、小鳥《ことり》はバタバタと部屋《へや》の中《なか》を飛《と》び回《まわ》った。あわてて２階《かい》にあがってきたママは、鳥《とり》を見《み》るなり、「あら、

文鳥《ぶんちょう》だわ」と言《い》った。

「文鳥《ぶんちょう》？」

「そうよ。くちばしと目《め》のまわりが赤《あか》くてきれいでしょ」

ママは、鳥《とり》が落《お》ち着《つ》くのを待《ま》ってそっと手《て》を伸《の》ばすと、文鳥《ぶんちょう》はその手《て》にちょこんと乗《の》った。それを見《み》て、樹里《じゅり》はうっとりした。

「どこかで飼《か》われていたのが、にげたのね。飼《か》い主《ぬし》を探《さが》してあげましょう。樹里《じゅり》と舞《まい》も手伝《てつだ》ってちょうだい」

さっそく姉妹《しまい》は『迷子《まいご》の文鳥《ぶんちょう》を預《あず》かっています』という張《は》り紙《がみ》をつくり、近所《きんじょ》や近《ちか》くの動物病院《どうぶつびょういん》にはってもらったが、何日《なんにち》待《ま》っても飼《か》い主《ぬし》は見《み》つからなかった。

「困《こま》ったわね、警察《けいさつ》にも届《とど》けを出《だ》したけど……」とママがそう言《い》うと、舞《まい》は笑《わら》った。

「困《こま》ることとないよ。うちで飼《か》えばいいじゃん！　わたしきちんとお世話《せわ》するよ！」

「わたしの部屋《へや》に来《き》たってことは、きっとわたしたちの家族《かぞく》になりたかったんだよ。

わたし文鳥《ぶんちょう》のこと勉強《べんきょう》するから、うちで飼《か》おう！」

樹里《じゅり》も大賛成《だいさんせい》だ。ふたりは、文鳥《ぶんちょう》を「ミント」と名《な》づけた。

ミントは、見《み》れば見《み》るほどかわいかった。あまえんぼうで、手《て》のひらの中《なか》で遊《あそ》ぶのが大好《だいす》き。頭《あたま》をなでていると、そのままねてしまうこともある。樹里《じゅり》と舞《まい》がもぐったこたつ布団《ぶとん》の上《うえ》で、ミントがあたたまっていると「おまえたち、まるで三姉妹《さんしまい》だな」と、パパが大笑《おおわら》いしたこともあった。


ミントが天国《てんごく》へ旅立《たびだ》ってからというもの、樹里《じゅり》と舞《まい》は、毎日《まいにち》ミントのお墓《はか》に手《て》を合《あ》わせ、その日《ひ》のできごとを報告《ほうこく》した。そして、何《なん》か月《げつ》か経《た》ったころ、樹里《じゅり》は、ミントのお墓《はか》のわきに、ぽつぽつと小《ちい》さな芽《め》が出《で》ているのに気《き》づいた。

「これなあに？」と聞《き》くと、パパは目《め》を丸《まる》くした。

「これはミントの芽《め》だよ。あそこのミントが、地下《ちか》の根《ね》を伸《の》ばして、ここに芽《め》を出《だ》したんだね」

パパは少《すこ》しはなれた場所《ばしょ》に植《う》えてあるミントを指《ゆび》さした。

「ミントのお墓《はか》にミントなんて、すごーい！」と、舞《まい》がさけんだ。

「ミントが生《う》まれ変《か》わったのかもよ？」

パパがそう言《い》って笑《わら》うと、

「きっとミントがおしゃべりしているのよ。みんなに『元気《げんき》？』って聞《き》いているのね」と、ママがうれしそうに言《い》った。

「わたしたちは元気《げんき》だよー。ミントは元気《げんき》ー？」

舞《まい》がはしゃいで、そっとミントの芽《め》にふれた。

すると、ふわっといいかおりが立《た》ちのぼった。

**「まるでミントが返事《へんじ》をしているみたい」**

樹里《じゅり》の言葉《ことば》に、みんなはいつまでもかわいいミントの芽《め》を見《み》つめていた。

## ミントからのメッセージ

樹里《じゅり》ちゃん、舞《まい》ちゃん、
パパとママ
お元気《げんき》ですか？

迷子《まいご》だったわたしを助《たす》けて、
大切《たいせつ》に育《そだ》ててくれて、
本当《ほんとう》にありがとう。
突然《とつぜん》みんなの家《いえ》にやってきたのに、
「わたしたちの家族《かぞく》になりたかったんだよ」って
やさしくむかえ入《い》れてくれてうれしかった。

樹里《じゅり》ちゃんと舞《まい》ちゃんは
わたしを妹《いもうと》のように
かわいがってくれたね。
ふたりといっぱい遊《あそ》べて
楽《たの》しかったよ！

これから毎年《まいとし》、
わたしのお墓《はか》にミントが
たくさん芽《め》を出《だ》すよ。
さびしくなったら、
そのかおりをかいでみてね。
今《いま》までたくさんしあわせをもらったぶん、
これからはわたしが元気《げんき》をあげるね。

涙キラ!!☆ 星になったどうぶつ物語

第《だい》22話《わ》

# いつまでも、いっしょだよ…

わたしのとなりには
いつもタローがいた
それはこの先《さき》もずっと
変《か》わらないと思《おも》っていた――
子犬《こいぬ》のタローが
立花家《たちばなけ》にやってきた
ほんの少《すこ》しあとに
わたしは生《う》まれて
いっしょに遊《あそ》んで
いっしょにねむって
わたしは12歳《さい》になりました

そして今日《きょう》
立花家《たちばなけ》に
新《あたら》しい犬《いぬ》がやってきます!
名前《なまえ》はやっぱり〝チビ〟がいい!
お父《とう》さんの知《し》り合《あ》いにたのまれてうちで飼《か》うことになったのです
そー…
わぁ!かわいい♡
おいでチビ
ちっちゃ～いいい子《こ》だねぇ
ひょい
ク～ン
チビばっかりかまってるとタローが焼《や》きもち焼《や》くわよ?
のそ、
わかってるよ～

ねえ〜
チビ〜
お手《て》教《おし》えてあげる！
ペロペロ
あははっ
ちがうよ〜
ほら
にげちゃだめ
おいで
ずりずり
ぴょんっ

かわいい子だ よしよし♥
じっ…
のそーー!!
ちょい ちょい
こら タロー ひっぱらないの!
洋服《ようふく》伸《の》びちゃうじゃん!!
あははっ チビはホント かわいいなぁ
たかい たかーい

おじゃましまーす
わぁ！この子《こ》がこの前話《まえはな》してたチビちゃん？
かわいい～！
だっこしてもいい？
いいよっ
ワンッ
ぬいぐるみみたい！

この子《こ》は？
こっちはタロー
わたしが生《う》まれた
ときからいるんだ
ぴょんっ
ぴょんっ
ぞー…
チビちゃんと遊《あそ》びたいのかな？
びくっ
タロー！
乱暴《らんぼう》しちゃダメだよ！

そうだ! チビも わたしの部屋《へや》に 連《つ》れていこう
そんで宿題《しゅくだい》 やろうよ!
さんせ～い!
ワンッ! ワンッ!
ウ～…
あっ そういえば 先生《せんせい》がさ――…
こうしてチビとの日々《ひび》にもだいぶ慣《な》れてきたころ――
チビおいで
チビ 食べてみる?
チビ!

タロー最近《さいきん》元気《げんき》ないわねぇ
もう歳《とし》だからなぁ うちに来《き》て12年《ねん》か
そうよね まつりといっしょに成長《せいちょう》してるから…
いつのまにか いるのが当《あ》たり前《まえ》に なってたけど
そういえば昔《むかし》 まつりが迷子《まいご》に なったときタローが 心配《しんぱい》してむかえに いったな
あったわねー

あとー まつりがなかなか泣《な》きやまないとき！
お気《き》に入《い》りのぬいぐるみもってきてあやしてくれたわよね
タローはまつりのお兄《にい》ちゃんみたいなもんだな
……

きゅうん…
すとん
タローごはん食《た》べないの？
パタパタ
早《はや》く元気《げんき》になって
またいっしょに笑《わら》ったり、
遊《あそ》んだりしよ――

キャンキャン!
タローチビおはよう
キャンキャンッ
どうしたの?チビ!?
キャン!

タロー……!?

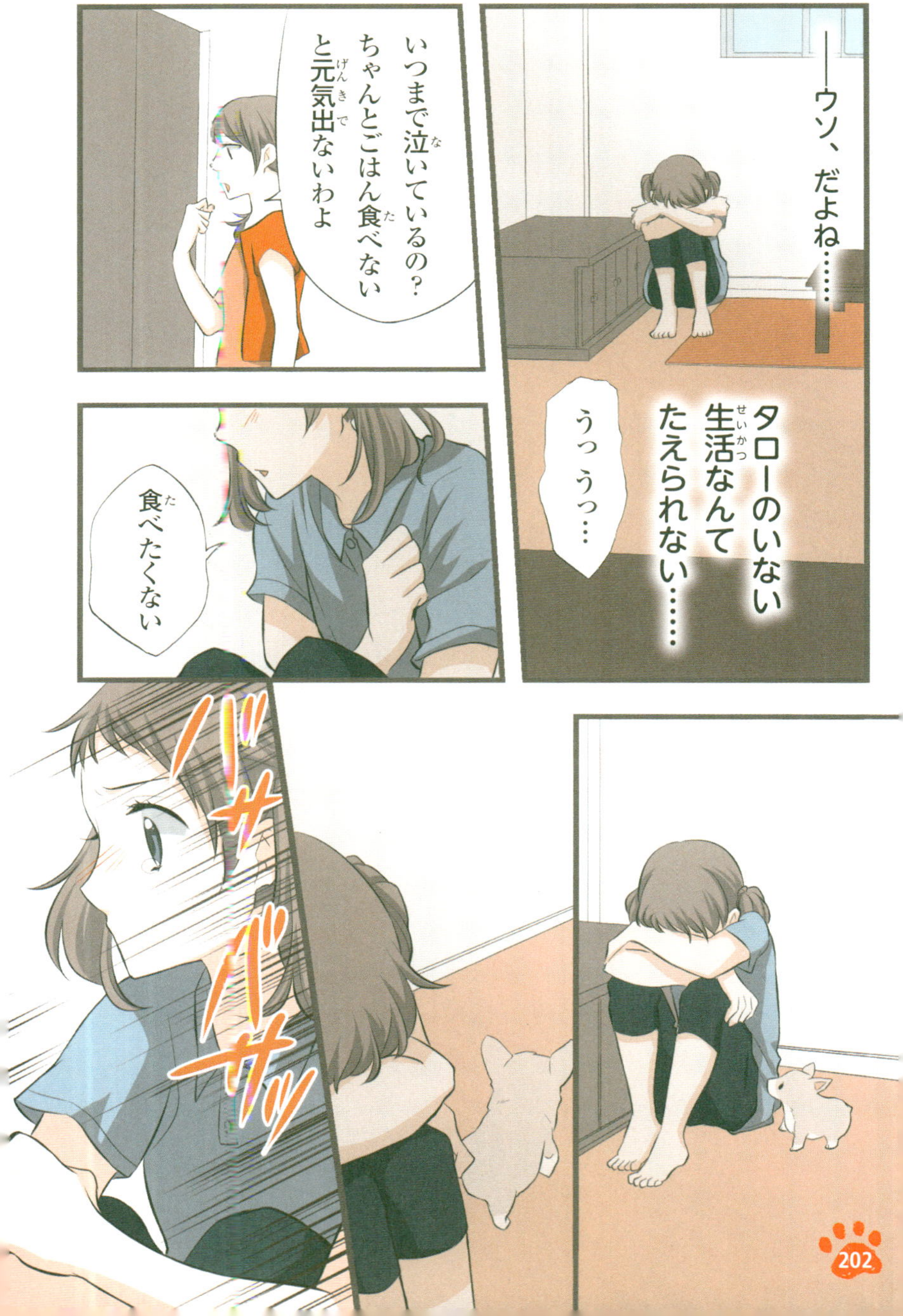
――ウソ、だよね……
タローのいない生活《せいかつ》なんてたえられない……
うっうっ…
いつまで泣《な》いているの？ちゃんとごはん食《た》べないと元気《げんき》出《で》ないわよ
食《た》べたくない
バサ
ガサッ

チビ！
なにしてるの!?
危《あぶ》ないよ！
ウワン！
……これ……
「タロー！
あれとってきて！」
ワン！
「よし！
いい子《こ》だねタロー」
ポロ…

昔《むかし》はこんなにボロボロになるまで遊《あそ》んだのに…
わたし……タローに……さみしい思《おも》いさせてたタローは遊《あそ》びたかっただけなのに……おこっちゃって……もうあやまれないよ…っ
うわああああ

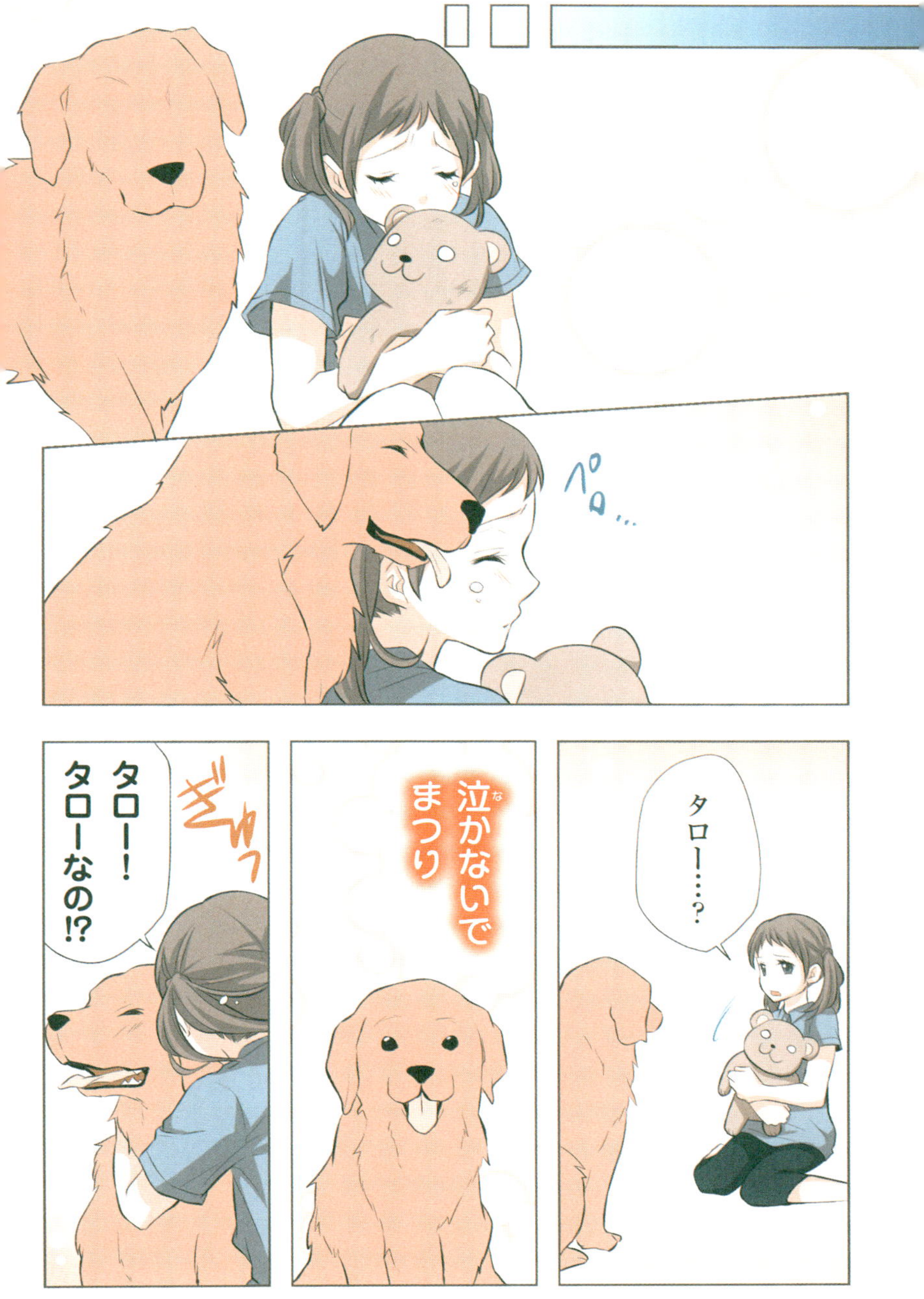
ペロ…
タロー…？
泣《な》かないでまつり
ぎゅっ
タロー！
タローなの!?

ずっとまつりとお話《はなし》したかった
わたしもだよ タロー
ごめんね わたしいっぱいさみしい思《おも》いさせちゃったね
チビのことばっかりかまって…
ごめん
ごめんね
ちがうよ――
体《からだ》がだんだん思《おも》うように動《うご》かなくなっていって
自分《じぶん》でもそのときが来《く》るのが近《ちか》いってことわかっていたんだ
ぼくは全然《ぜんぜん》さみしくなかったよ…

だって——
そばでまつりの笑顔《えがお》を
ずっと見《み》ていられたから
ほら
落《お》ちこんでいると
チビが心配《しんぱい》しちゃうよ
だから
笑《わら》って
ぼくを大切《たいせつ》にしてくれて
ありがとう
す…っ
くうん…
ぎゅっ
チビ…
心配《しんぱい》かけて
ごめんね

## タローからのメッセージ

生《う》まれたときから
ずっと家《か》族《ぞく》だった。

ぼくがいたずらして
まつりを困《こま》らせたこともあったね。
パパにしかられて落《お》ち込《こ》んでいるぼくを
まつりはやさしくなぐさめてくれた。
いっしょに泥《どろ》だらけになって
ひみつ基地《きち》も見《み》つけたね。

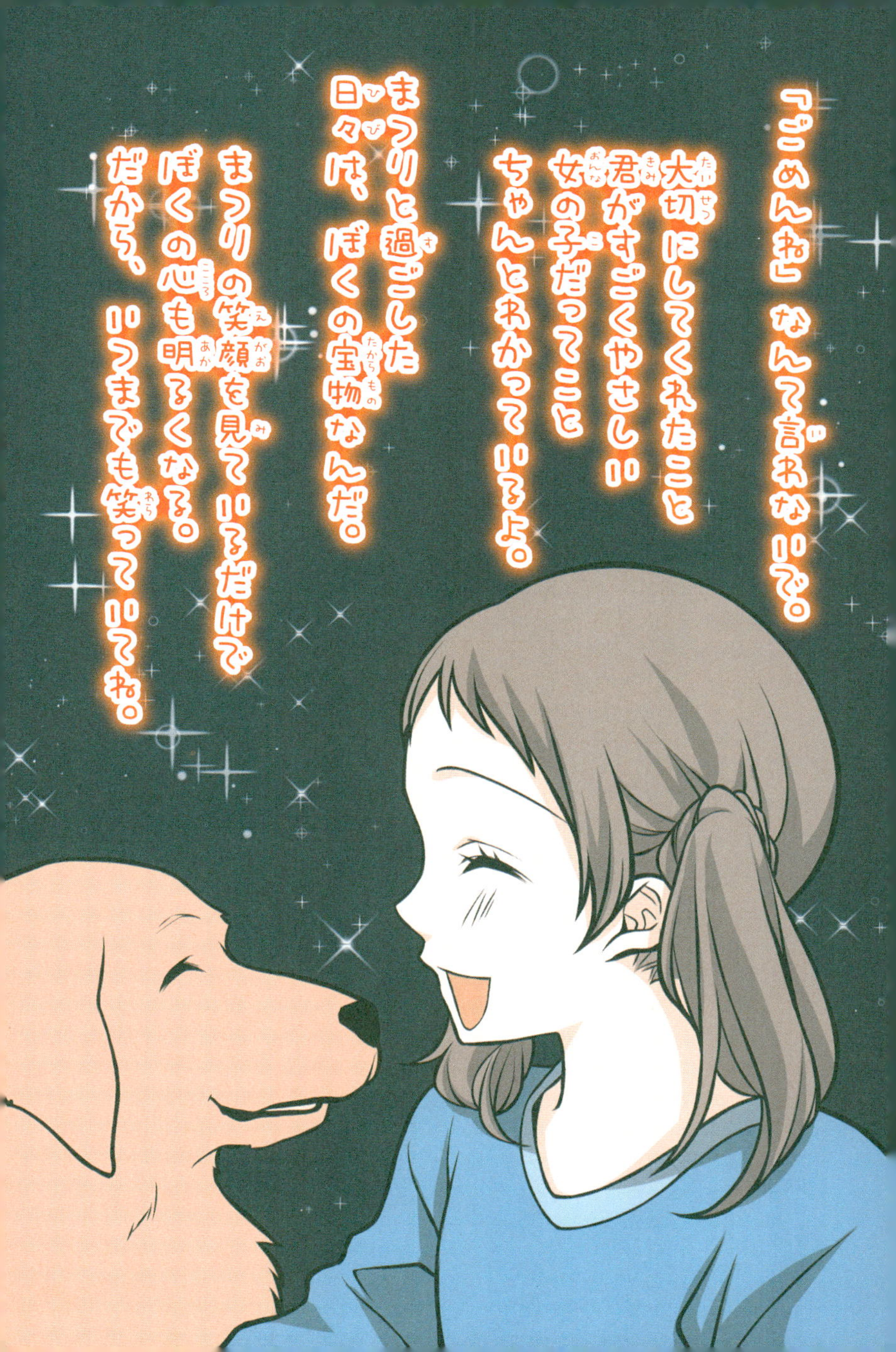
「ごめんね」なんて言《い》わないで。
大切《たいせつ》にしてくれたこと
君《きみ》がすごくやさしい
女《おんな》の子《こ》だってこと
ちゃんとわかっているよ。
まつりと過《す》ごした
日々《ひび》は、ぼくの宝物《たからもの》なんだ。
まつりの笑顔《えがお》を見《み》ているだけで
ぼくの心《こころ》も明《あか》るくなる。
だから、いつまでも笑《わら》っていてね。

あなたをどうぶつにたとえたら！？

# ドキッ！どうぶつキャラしんだん

下《した》の表《ひょう》から自分《じぶん》が生《う》まれた日《ひ》と名前《なまえ》の最初《さいしょ》の文字《もじ》の音《おと》がぶつかるマスをチェックしてね。あなたのどうぶつキャラがわかるよ！

| 名前《なまえ》の最初《さいしょ》の音《おと》＼生《う》まれた日《ひ》 | 1 11 21 31 | 2 12 22 | 3 13 23 | 4 14 24 | 5 15 25 | 6 16 26 | 7 17 27 | 8 18 28 | 9 19 29 | 10 20 30 |
|---|---|---|---|---|---|---|---|---|---|---|
| あ段《だん》 | A | B | C | D | E | F | G | H | I | J |
| い段《だん》 | B | C | D | E | F | G | H | I | J | K |
| う段《だん》 | C | D | E | F | G | H | I | J | K | L |
| え段《だん》 | D | E | F | G | H | I | J | K | L | A |
| お段《だん》 | E | F | G | H | I | J | K | L | A | B |

あ段《だん》…あかさたなはまやらわ
い段《だん》…いきしちにひみり
う段《だん》…うくすつぬふむゆる
え段《だん》…えけせてねへめれ
お段《だん》…おこそとのほもよろ

## しんだん結果《けっか》

A《エー》 ライオン
B《ビー》 シマウマ
C《シー》 ゾウ
D《ディー》 キリン
E《イー》 パンダ
F《エフ》 ウサギ
G《ジー》 ペンギン
H《エイチ》 カンガルー
I《アイ》 シロクマ
J《ジェイ》 クジャク
K《ケー》 サル
L《エル》 リス

| 名前《なまえ》の最初《さいしょ》の音《おと》＼生《う》まれた日《ひ》 | 1 11 21 31 | 2 12 22 |
|---|---|---|
| あ段《だん》 | A | B |
| い段《だん》 | B | Ⓒ |

例《れい》

「12日《にち》生まれ」の「みさき」ちゃんの場合《ばあい》、名前《なまえ》の最初《さいしょ》の「み」は「い段《だん》」の音《おと》なので、「12日《にち》」と「い段《だん》」の交差《こうさ》するところを見《み》るとC。どうぶつキャラはゾウだよ。

## A 自信家《じしんか》のあなたは ライオンタイプ

### キラリ☆輝《かがや》く才能《さいのう》

ダンスやスピーチで人《ひと》を感動《かんどう》させる！

### 性格《せいかく》

自分《じぶん》をもっているあなたは、カリスマ性《せい》バツグン！　みんなをひっぱっていくたよれるリーダーだね。本気《ほんき》を出《だ》せばどんなことも成功《せいこう》するはず！

**ラッキーアイテム**

ベルト
うで時計《どけい》

**ラブ運《うん》**

気持《きも》ちをストレートに伝《つた》えれば、ハッピーエンドに！　大恋愛《だいれんあい》をするよ。

## B ハイセンスなあなたは シマウマタイプ

### キラリ☆輝《かがや》く才能《さいのう》

ファッションセンスは、プロ並《な》み！

### 性格《せいかく》

おだやかな性格《せいかく》のあなたは、ムダをきらい、シンプルに生《い》きるのが好《す》き。ただ、オシャレははなやかなものが好《す》きなこだわり派《は》。自分《じぶん》の好《す》きなものを集《あつ》めるよ。

**ラッキーアイテム**

ゼブラがら
家《いえ》のカギ

**ラブ運《うん》**

恋《こい》は、相手《あいて》の思《おも》いにこたえるスタイル。仲《なか》よくなるにつれて好《す》きになるよ。

## C やさしいあなたは ゾウタイプ

### キラリ☆輝《かがや》く才能《さいのう》

人とはちがうアイデアが光《ひか》るよ！

### 性格《せいかく》

やさしく友《とも》だち思《おも》いのあなたは、みんなで協力《きょうりょく》しながらさまざまなことに取《と》り組《く》み、結果《けっか》を出《だ》すよ。ただし、ことわるのが苦手《にがて》かも……。

**ラッキーアイテム**

ポーチ
色《いろ》ペン

**ラブ運《うん》**

遠慮《えんりょ》しすぎて、片思《かたおも》いになりやすいみたい。友《とも》だちの力《ちから》を借《か》りて！

## D スマートなあなたは キリンタイプ

### キラリ☆輝《かがや》く才能《さいのう》

新《あたら》しいものをつくり出《だ》す能力《のうりょく》は、天才的《てんさいてき》！

### 性格《せいかく》

自分《じぶん》の世界《せかい》をもっていて、マイペースなあなた。好《す》ききらいがハッキリしているよ。ただ、よく知《し》らないで初《はじ》めからきらうのはよそうね！

**ラッキーアイテム**

リップクリーム
本《ほん》

**ラブ運《うん》**

モテモテだけど、外見《がいけん》で選《えら》ぶのは要注意《ようちゅうい》。中身《なかみ》をチェックして！

## F あまえんぼうあなたは ウサギタイプ

キラリ☆輝《かがや》く才能《さいのう》

カンがするどく、先《さき》を読《よ》む力《ちから》あり！

**性格《せいかく》**

あまえじょうずなちゃっかり屋《や》さん。だれとでも仲《なか》よくできて、たくさん友《とも》だちがいるよ。せっかちな性格《せいかく》だから、テキパキ動《うご》くのが好《す》きみたい。

**ラッキーアイテム**

スニーカー
リュックサック

**ラブ運《うん》**

きっかけづくりの天才《てんさい》！好《この》みのタイプの人《ひと》には、自分《じぶん》から近《ちか》づくよ。

## E おっとり屋《や》のあなたは パンダタイプ

キラリ☆輝《かがや》く才能《さいのう》

まわりを自然《しぜん》と笑顔《えがお》にさせるよ！

**性格《せいかく》**

愛《あい》されキャラで人気者《にんきもの》☆ みんなから好《す》かれるオーラの持《も》ち主《ぬし》で、どこにいっても大事《だいじ》にされるよ。自分《じぶん》のことは自分《じぶん》でできるとパーフェクト！

**ラッキーアイテム**

鏡《かがみ》
カーディガン

**ラブ運《うん》**

好《す》きになったら一直線《いっちょくせん》。意外《いがい》と積極的《せっきょくてき》で自分《じぶん》からアピールしていくよ！

## H 世話好《せわず》きなあなたは カンガルータイプ

キラリ☆輝《かがや》く才能《さいのう》

大《おお》きな愛《あい》で人《ひと》を育《そだ》てる才能《さいのう》あり！

**性格《せいかく》**

しっかり者《もの》でめんどう見《み》がいいタイプだね。みんなの相談《そうだん》を受《う》けることが多《おお》く、クラスやグループになくてはならない存在《そんざい》になるよ。

**ラッキーアイテム**

ストラップ
ハンカチ

**ラブ運《うん》**

考《かんが》えすぎてチャンスをのがしやすいかも。素直《すなお》になれば、モテモテに！

## G 多才《たさい》なあなたは ペンギンタイプ

キラリ☆輝《かがや》く才能《さいのう》

ひらめきで大《だい》ヒットを飛《と》ばす！

**性格《せいかく》**

陽気《ようき》で気《き》まぐれなあなた。そのときの気分《きぶん》で動《うご》くから失敗《しっぱい》しやすいけれど、こりない性格《せいかく》だよ。あきらめないかぎりキセキがおきる可能性《かのうせい》も大《だい》！

**ラッキーアイテム**

メモ帳《ちょう》
ステッカー

**ラブ運《うん》**

ノリがよく、異性《いせい》とすぐ仲《なか》よくなれちゃうよ。早《はや》めの告白《こくはく》で大成功《だいせいこう》♡

## J アピールじょうずなあなたは クジャクタイプ

**キラリ☆輝《かがや》く才能《さいのう》**

人《ひと》を感動《かんどう》させる表現力《ひょうげんりょく》は、ピカイチ！

**性格《せいかく》**

目《め》立《だ》ちキャラで、人《ひと》から注目《ちゅうもく》を浴《あ》びるほどやる気《き》がわいてくる生《う》まれながらのスターだよ☆　わがままだけど、人《ひと》の意見《いけん》は大事《だいじ》にするよ。

**ラッキーアイテム**
ハンドクリーム
ブックカバー

**ラブ運《うん》**
理想《りそう》が高《たか》く、なかなか好《す》きにならないかも。本気《ほんき》になったら一生《いっしょう》もの。

## I パワフルなあなたは シロクマタイプ

**キラリ☆輝《かがや》く才能《さいのう》**

運動神経《うんどうしんけい》バツグン！アスリート級《きゅう》！

**性格《せいかく》**

積極的《せっきょくてき》で行動力《こうどうりょく》のあるあなた。やりたいと思《おも》ったら、やらずには終《お》われないチャレンジャー。決断《けつだん》が速《はや》くて、迷《まよ》いがないよ！

**ラッキーアイテム**
ぬいぐるみ
ガム

**ラブ運《うん》**
好《す》き好《す》き攻撃《こうげき》で、相手《あいて》にウンと言《い》わせちゃう。恋《れん》愛《あい》ハンターね！

## L ラブリーなあなたは リスタイプ

**キラリ☆輝《かがや》く才能《さいのう》**

アートなジャンルで有名《ゆうめい》になるよ！

**性格《せいかく》**

いつもニコニコしていて、みんなからかわいがられちゃうお得《とく》な性格《せいかく》だよ。でも、それにあまえず、自分《じぶん》で自分《じぶん》の道《みち》を切《き》り開《ひら》く努力家《どりょくか》！

**ラッキーアイテム**
コインケース
絵本《えほん》

**ラブ運《うん》**
恋多《こいおお》き人生《じんせい》を送《おく》りそう。いろいろなタイプの人《ひと》とつき合《あ》うよ。

## K かしこいあなたは サルタイプ

**キラリ☆輝《かがや》く才能《さいのう》**

人《ひと》をその気《き》にさせるのがうまい！

**性格《せいかく》**

頭《あたま》の回転《かいてん》が速《はや》くて、なんでもテキパキこなしちゃうキレ者《もの》だよ。手先《てさき》も器用《きよう》で、売《う》っているみたいに完成度《かんせいど》の高《たか》いものをつくれちゃう！

**ラッキーアイテム**
封筒《ふうとう》
プロフ帳《ちょう》

**ラブ運《うん》**
友情《ゆうじょう》から恋《こい》に発展《はってん》するのがパターン。自然《しぜん》と仲《なか》が深《ふか》まっていくよ。

ニャるほど〜！

# ネコってこんなコ！

## 性格《せいかく》

あまえてきたかと思《おも》うと知《し》らんぷりしたり、基本的《きほんてき》にマイペースで自由《じゆう》。最近《さいきん》ではいつでもあまえんぼうタイプが増《ふ》えているよ。

## 体《からだ》の特《とく》ちょう

バツグンの運動能《うんどうのう》力《りょく》とやわらかい体《からだ》が特《とく》ちょう的《てき》。物《もの》音《おと》やにおいにもとっても敏感《びんかん》。武《ぶ》器《き》にもなるするどい爪《つめ》は、自分《じぶん》の意《い》志《し》で自由《じゆう》に出《だ》し入《い》れすることができるよ。

## データ

**種類《しゅるい》**：日本《にほん》にいる猫種《びょうしゅ》は全部《ぜんぶ》で40種類以上《しゅるいいじょう》

**毛色《けいろ》**：白《しろ》や黒《くろ》などの色《いろ》のほかに、ぶち、しまなど模様《もよう》もさまざま

**サイズ**：3キロから5キロくらい

**寿命《じゅみょう》**：平均《へいきん》すると15歳《さい》くらい

## 人気《にんき》ネコベスト5

1位《い》 スコティッシュ・フォールド
2位《い》 アメリカン・ショートヘア
3位《い》 マンチカン
4位《い》 雑種《ざっしゅ》
5位《い》 ノルウェージャン・フォレスト・キャット

## ネコの豆知識《まめちしき》

### 名前《なまえ》の由来《ゆらい》

ネコの1日《にち》の睡眠時間《すいみんじかん》は16時間《じかん》くらい。よくねるから「寝子《ねこ》」という名前《なまえ》になったともいわれているよ！

### 猫《ねこ》のひげは切《き》ってはダメ

ひげの根《ね》もとには神経《しんけい》が通《とお》っていて、大事《だいじ》なセンサーの役割《やくわ》りをしているよ。せまいすきまでも体《からだ》が入《はい》れるかはかったり、風向《かざむ》きを調《しら》べることもできちゃう！

### 暗《くら》くてもよく見《み》える目《め》

ネコは夜行性《やこうせい》。暗《くら》くてもわずかな光《ひかり》があればものが見《み》えるよ！

## 特技《とくぎ》

前《まえ》あしで顔《かお》を洗《あら》ったり、毎日《まいにち》ていねいに毛《け》づくろいして体《からだ》をきれいにするほどきれい好《ず》き。足音《あしおと》を立《た》てないで歩《ある》くのもお得意《とくい》！

## 知能《ちのう》

犬《いぬ》に負《ま》けずおとらずかしこいどうぶつ。きちんとしつけもできるよ。トイレを覚《おぼ》えるのは犬《いぬ》より早《はや》いことも。トイレのしかたや水《みず》の飲《の》み方《かた》にこだわるコも多《おお》い。

## チャームポイント

大《おお》きくて表情豊《ひょうじょうゆた》かな目《め》が魅力的《みりょくてき》。クールなように見《み》えて実《じつ》は飼《か》い主《ぬし》さんのことが大好《だいす》き。たまに遊《あそ》んで欲《ほ》しそうにあまえてくるのがかわいい！

## 好《す》きな遊《あそ》び

もともと狩《か》りをする動物《どうぶつ》なので、狩《か》りごっこが大《だい》好《す》き。ねこじゃらしや動《うご》くおもちゃで遊《あそ》んであげよう！

## 苦手《にがて》なこと

初《はじ》めての場所《ばしょ》や知《し》らない人《ひと》は苦手《にがて》なので、お客《きゃく》さんが来《く》るとかくれちゃうことも。シャンプーぎらいのネコも多《おお》い。

## 好物《こうぶつ》

野生《やせい》では小《ちい》さいどうぶつを狩《か》る肉《にく》食動物《しょくどうぶつ》なので、お肉《にく》が大好《だいす》き。日《に》本《ほん》では魚《さかな》をよくあげるので、魚好《さかなず》きのネコも多《おお》いよ。

## さわられると好《す》きな場所《ばしょ》／きらいな場所《ばしょ》

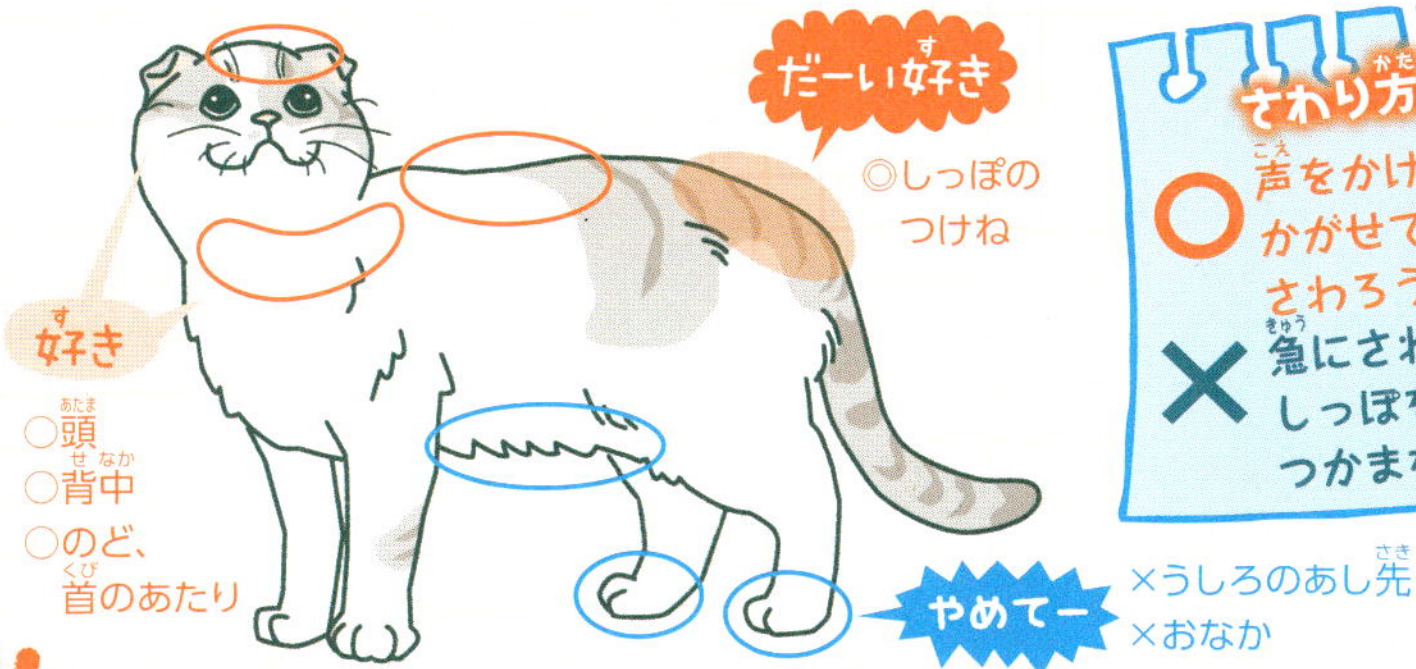


### さわり方《かた》メモ

○ 声《こえ》をかけ、においをかがせてからさわろう

✕ 急《きゅう》にさわったり、しっぽをつかまないで

# しぐさでわかっちゃう! ネコのキモチ

ネコのキモチが知《し》りたいときは、しぐさを見《み》てみて。
体全体《からだぜんたい》でおしゃべりしているよ!

## しっぽを立《た》てる

しっぽをさまざまな形《かたち》に動《うご》かすことで感情《かんじょう》を表現《ひょうげん》しているよ。ピンと立《た》てているのはあまえたいとき。大《おお》きくふるのはくつろいでいるとき、速《はや》くふっているのはおこっているサインだよ。

## 体《からだ》をくねくねする

人《ひと》が近《ちか》くにいるときに、おなかを見《み》せて体《からだ》をくねくねしているのは、安心《あんしん》しているあらわれ。とっても信頼《しんらい》されている証《しょう》拠《こ》だよ。

## 体《からだ》を人《ひと》にこすりつける

頭《あたま》や体《からだ》をすりすりとこすりつけるのは、大好《だいす》きな相手《あいて》に自分《じぶん》のにおいをつけるしぐさ。愛情《あいじょう》を伝《つた》えているよ。

## 前《まえ》あしでもみもみする

ふとんの上《うえ》やだっこされているとき、前《まえ》あしでもみもみするのは安心《あんしん》しているあらわれ。もともとは、子《こ》ネコがおっぱいを飲《の》むときのしぐさだよ。

## 毛《け》を逆立《さかだ》ててシャー!

身《み》を守《まも》るために、相手《あいて》をおどろかせて攻《こう》撃《げき》してこないようにするしぐさ。このとき、しっぽの毛《け》も逆《さか》立《だ》ち、ふだんよりも倍以上《ばいいじょう》に大《おお》きくふくらむよ。

## ひげを大《おお》きく広《ひろ》げている

ひげをピンと立《た》てて広《ひろ》げているのは、まわりのようすを知《し》ろうとしているとき。緊張《きんちょう》して警戒《けいかい》している証拠《しょうこ》だよ。

# 第《だい》5章《しょう》

## \\ 超《ちょう》カンドー！ //

# キセキのどうぶつ物語《ものがたり》

ときに思《おも》いもよらない行動《こうどう》をとるどうぶつたち

ふしぎな力《ちから》をもったどうぶつたちが引《ひ》きおこす

おどろきと感動《かんどう》を呼《よ》ぶキセキのお話《はなし》だよ！

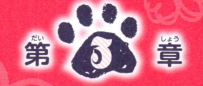

超カンドー！

キセキのどうぶつ物語

第《だい》23話《わ》

# キミが教《おし》えてくれたこと

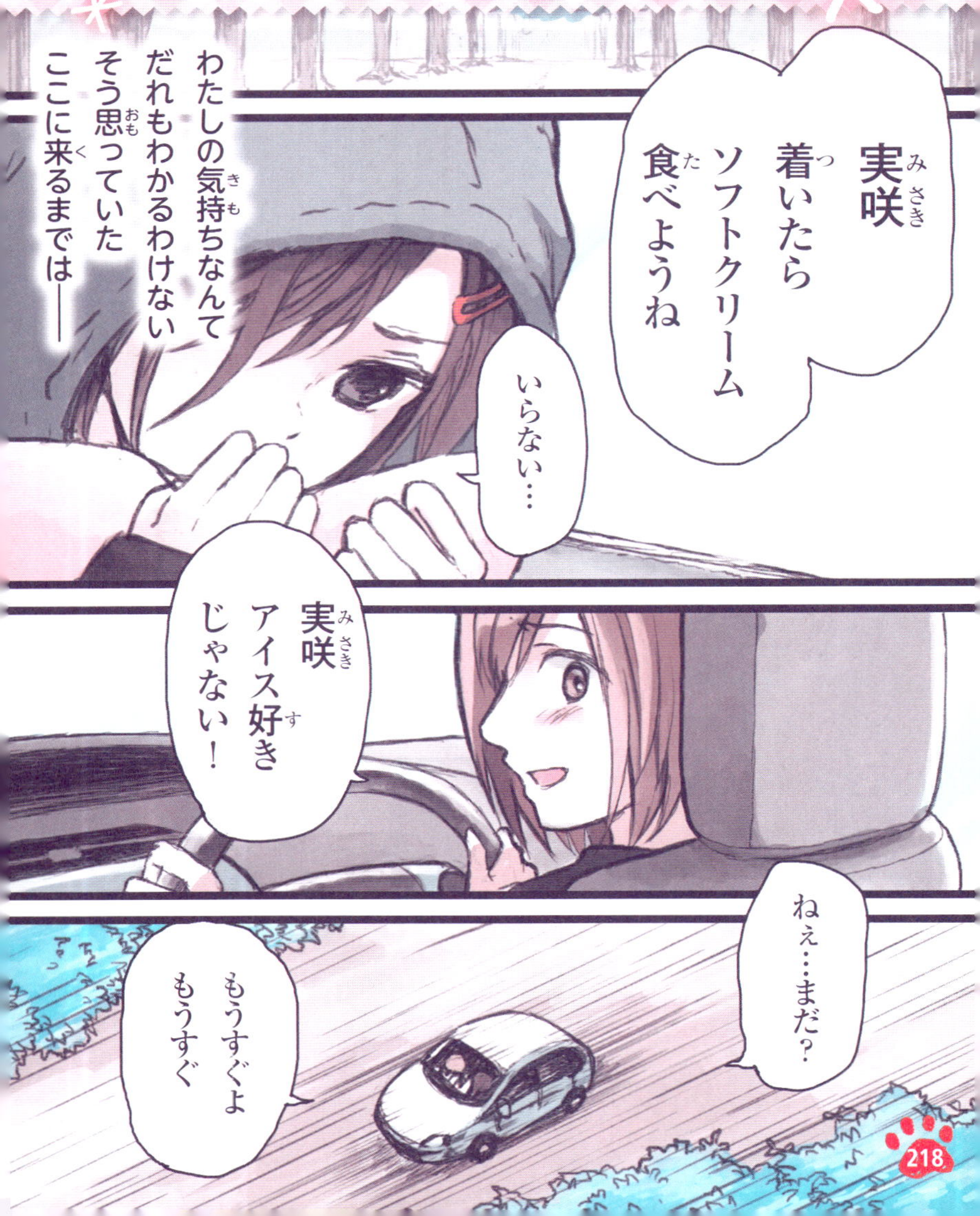

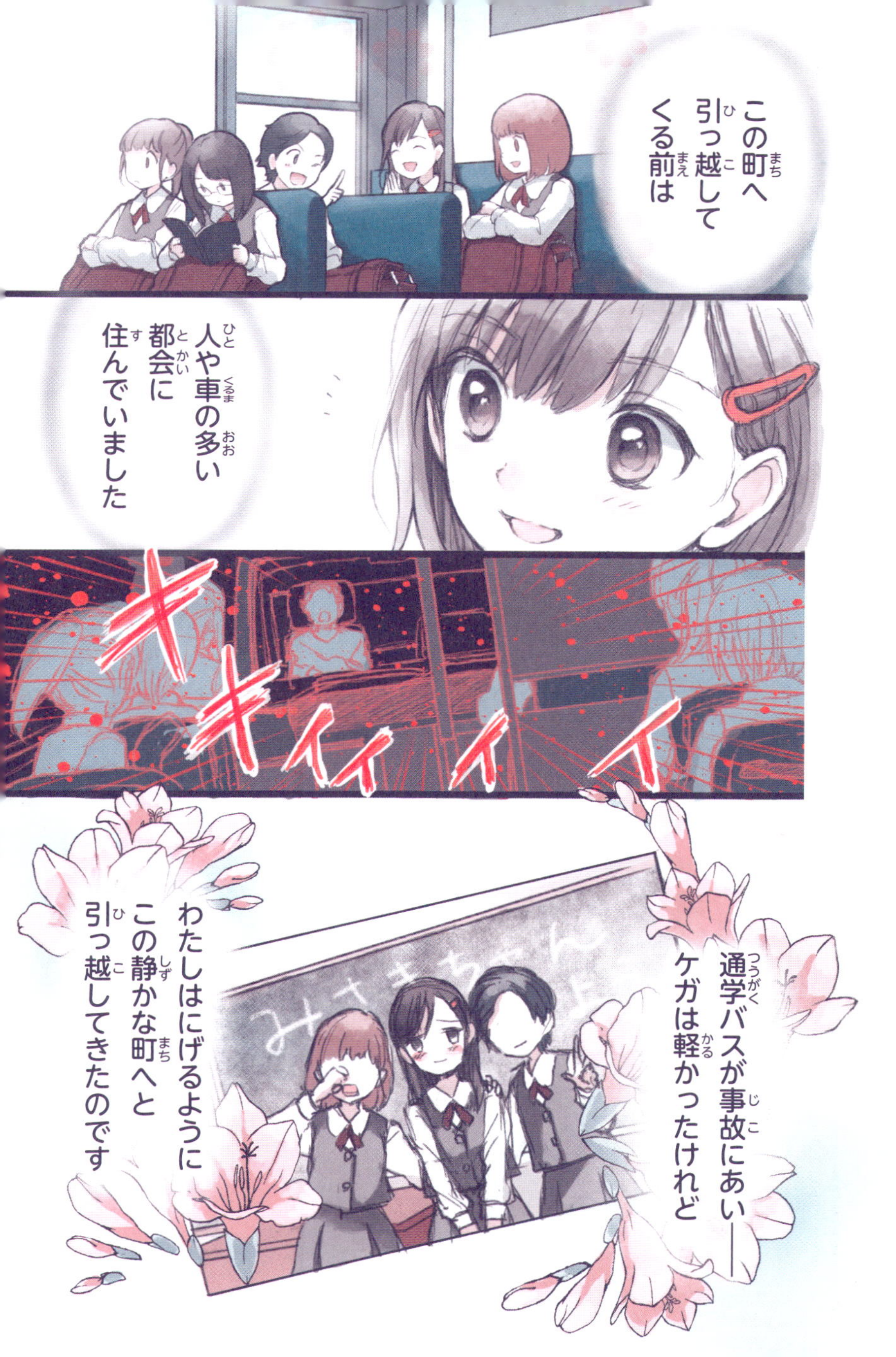

この町《まち》へ引《ひ》っ越《こ》してくる前《まえ》は
人《ひと》や車《くるま》の多《おお》い都会《とかい》に住《す》んでいました
キキィィィイ
通学《つうがく》バスが事故《じこ》にあい——
ケガは軽《かる》かったけれど
みさきちゃん
わたしはにげるように
この静《しず》かな町《まち》へと
引《ひ》っ越《こ》してきたのです

こうして
乗《の》り物《もの》に乗《の》ると
すごく不安《ふあん》に
おそわれます…
バタン
うっ
すごいにおい
泰生《やすお》──っ
実咲《みさき》っ
おじさんにあいさつは?
こんにちは久《ひさ》しぶりだね
覚《おぼ》えてないか…
?
お母《かあ》さんの弟《おとうと》の泰生《やすお》です

ここはね
吉田《よしだ》牧場《ぼくじょう》
ぼ…牧場《ぼくじょう》？
案内《あんない》するよ
牛《うし》がいっぱい!!
すごー!!
こんなに近《ちか》くで
見《み》たことないだろ

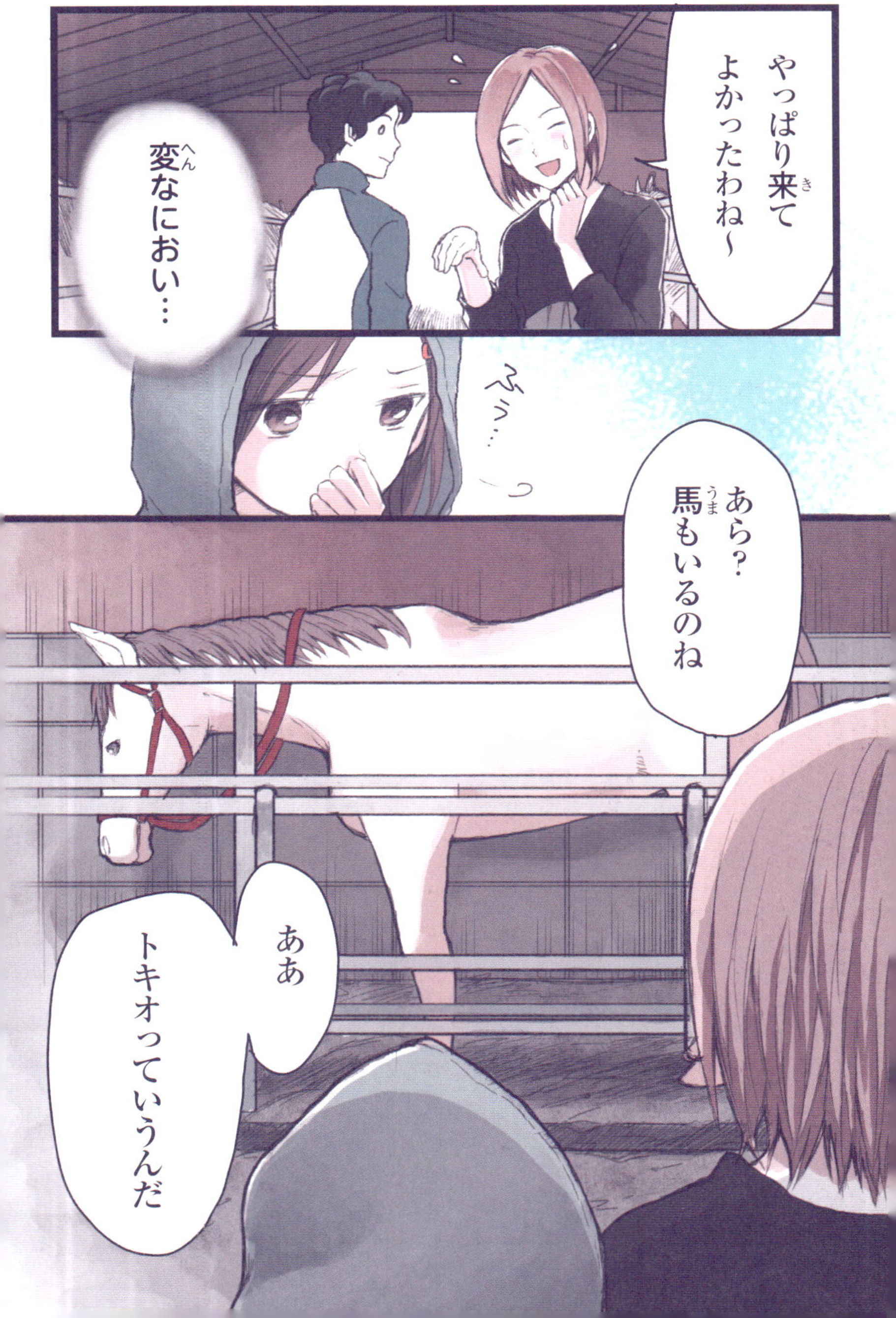
やっぱり来《き》てよかったわね～
変《へん》なにおい…
ふぅ…
あら？馬《うま》もいるのね
ああ
トキオっていうんだ

もとは競走馬《きょうそうば》でね
レース中《ちゅう》に事故《じこ》が…
そのとき
あしを痛《いた》めてね
処分《しょぶん》されそうに
なったのを
引《ひ》き取《と》ったんだ
まぁ…かわいそうに

でもあまり人《ひと》になつかなくて…って
じっ…
あれ？どうしたトキオ？
もうレースには出《で》られないの？たった一度《いちど》のケガなのに…
競走馬《きょうそうば》はいずれ処分《しょぶん》されることも多《おお》いんだ
トキオは運《うん》がよかったよ
運《うん》…

すぐなおるわよ
軽《かる》い
ケガで
すんで
運《うん》がよかったわね
わたしも事故《じこ》に
あったとき
そう言《い》われた
事故《じこ》の恐怖《きょうふ》で
バスに乗《の》れなくなって…
外《そと》を歩《ある》くのもこわくて
前《まえ》の学校《がっこう》…
友《とも》だち…
別《わか》れたくなかった…

…トキオのどこが運《うん》がいいんですか
実咲《みさき》？
ほんとに運《うん》がよかったら…
ここに来《こ》なくても
すんだんじゃないんですか…？
──……

トキオ？
スリッ
ガチャ
泰生《やすお》…
ここじゃなんだし
外《そと》で話《はな》そうか

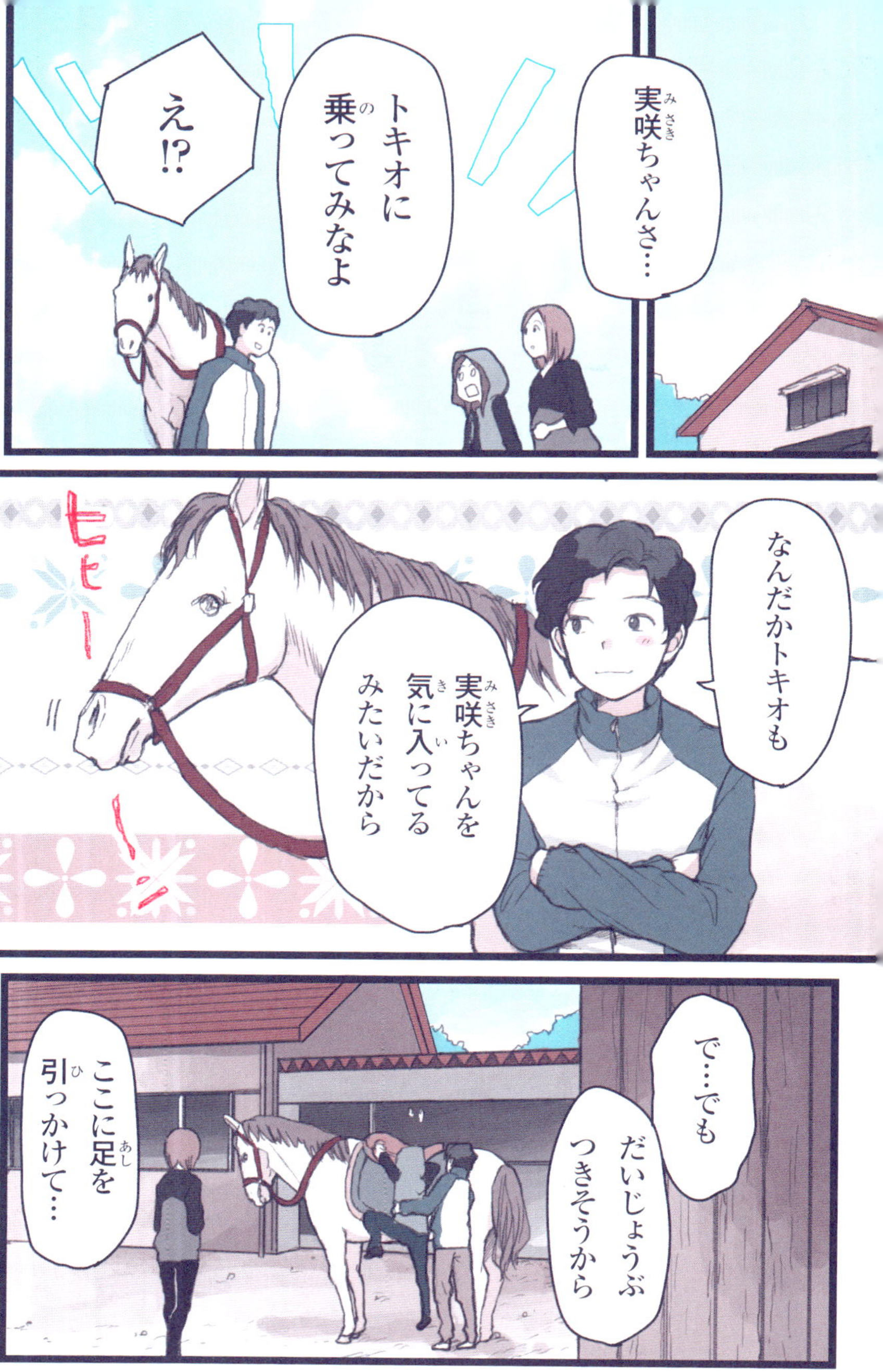
実咲《みさき》ちゃんさ…
トキオに乗《の》ってみなよ
え!?
なんだかトキオも
実咲《みさき》ちゃんを気《き》に入《い》ってるみたいだから
ヒヒーン
で…でも
だいじょうぶつきそうから
ここに足《あし》を引《ひ》っかけて…

両足《りょうあし》のかかとでトキオのおなかをちょこっとけってごらん
すると歩《ある》き出《だ》すよ
遠《とお》くまで見《み》えるだろ？

すごい…
全然《ぜんぜん》景色《けしき》がちがう
――…
泰生《やすお》…ごめんね
え?
実咲《みさき》がひどいこと言《い》って…

でも久《ひさ》しぶりに
はっきりとものを言《い》ったわ
姉《ねえ》さんよかったら
実咲《みさき》ちゃん少《すこ》し借《か》りるよ
トキオも今日《きょう》はイキイキしてるしさ

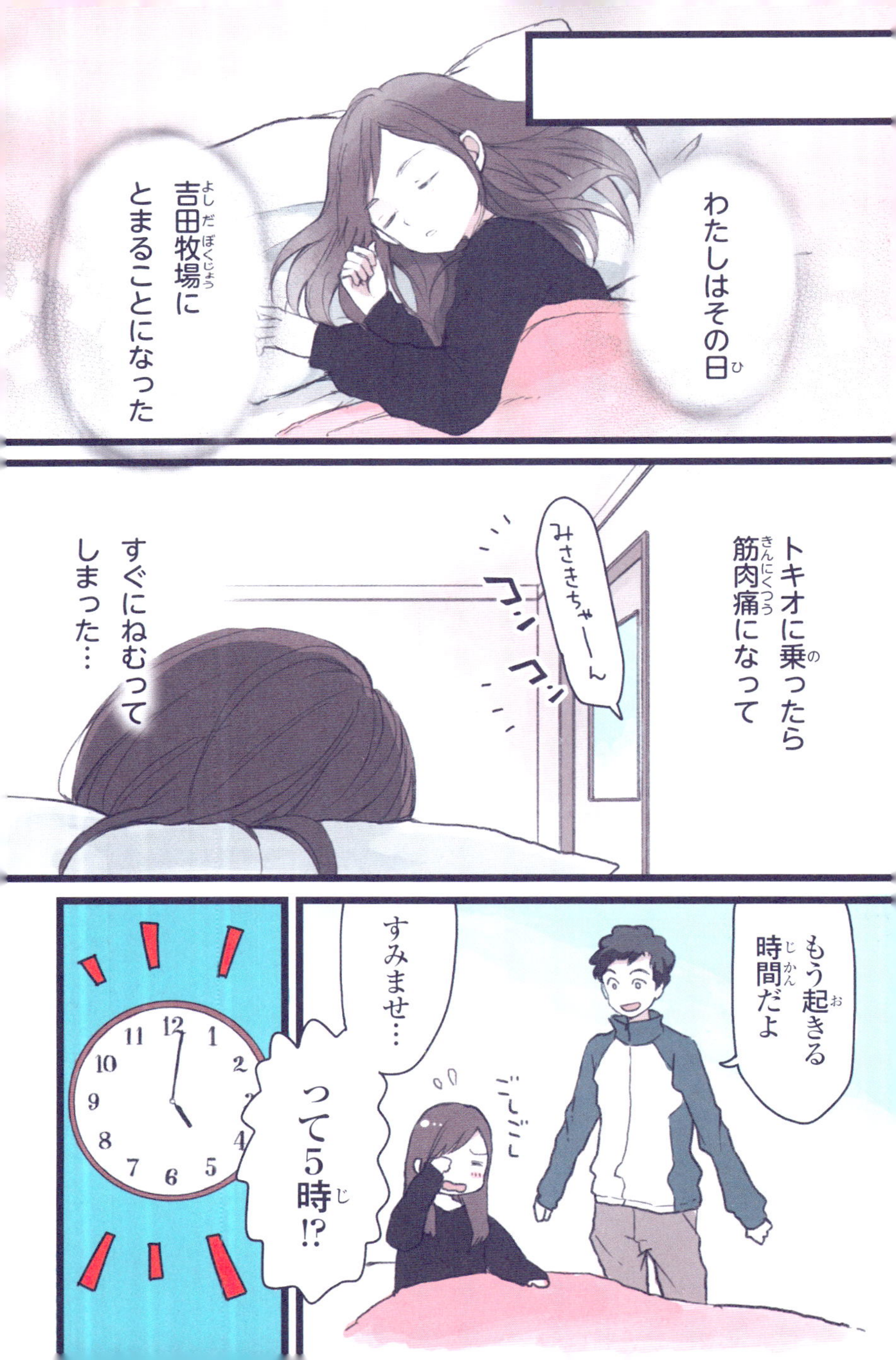
わたしはその日《ひ》
吉田《よしだ》牧場《ぼくじょう》に
とまることになった
トキオに乗《の》ったら
筋肉痛《きんにくつう》になって
みさきちゃーん
コンコン
すぐにねむって
しまった…
もう起《お》きる
時間《じかん》だよ
すみませ…
ごしごし
って5時《じ》!?

牧場《ぼくじょう》の朝《あさ》は早《はや》いっ！
さく乳《にゅう》タイム!!
ごはんあとなの!?
まず朝《あさ》イチで乳《ちち》しぼり
あったかい…
終《お》わったらそうじだよ
やっと朝《あさ》ごはん
おなかがすっごいぺこぺこ
つかれただろう
吉田《よしだ》さん
この人が牧場《ぼくじょう》の持《も》ち主《ぬし》
今朝《けさ》のメニューは牧場産《ぼくじょうさん》のものがいっぱいだよ

なんだろ？
しぼりたて牛乳《ぎゅうにゅう》？
そう！チーズやバターもそうだよ
おいしいかい？
おいしくないわけがなりさ
よしださんにはきいてないですよ
牧場《ぼくじょう》ってすごいな…
うまいうまい
実咲《みさき》ちゃん将来有望《しょうらいゆうぼう》だね！

トキオも喜《よろこ》んでるよ
ほんと?
ヒヒーン
雲《くも》の流《なが》れ速《はや》いなぁ
向《む》こうにいたころあまり見《み》たことなかったな
馬《うま》って人《ひと》の話《はな》すことわかるんですか?
人間《にんげん》の表情《ひょうじょう》を読《よ》みとる力《ちから》は高《たか》いらしいよ
へぇ…トキオとしゃべれたらな
プルルッ

そうだね
ここに来《き》て よかったか 聞《き》けたらな
あ…
昨日《きのう》は ごめんなさい
運《うん》がよかったら ここに来《き》てないなんて…
いや…まったく正《ただ》しい と思《おも》ったよ
正《ただ》しくなんかない
わたし何《なに》も知《し》らなくて

この牧場《ぼくじょう》すてきだと思《おも》います!
トキオだってきっと…
ありがとう
トキオ…ぼくらと暮《く》らして喜《よろこ》んでるかな
そうだといいなって本当《ほんとう》に思《おも》うよ…
トキオ
しあわせだといいな…
あ…そろそろ乳《ちち》しぼりしないと
えっまたぁ!?

数日後《すうじつご》―
実咲《みさき》!
お母《かあ》さん
なにそのにもつ?
おみやげ
このたびは…
ペコー
お世話《せわ》になりました!!
またきてねぇ
また遊《あそ》びにきます

…
あら？　車《くるま》いやじゃないの？
うん…
もうだいじょうぶだと思《おも》う…
あっちょっと待《ま》って！
ねぇ
トキオ！
わたしもこの町《まち》で
しあわせ見《み》つけるよ
おうえんしててねトキオ！

超カンドー!
キセキのどうぶつ物語
第《だい》24話《わ》

# 忠犬《ちゅうけん》チコ

夏休《なつやす》みのある日《ひ》。

「こんなに暑《あつ》い日《ひ》には、決《き》まって思《おも》い出《だ》すことがあるんだ」

父《とう》さんはそう言《い》って、ぼくにこんな話《はなし》をしてくれた。

ちょうど、父《とう》さんがおまえと同《おな》じ5年生《ねんせい》の夏休《なつやす》み。遊《あそ》びに行《い》ったばあちゃんの家《いえ》の庭《にわ》は、夏《なつ》の花《はな》が咲《さ》き乱《みだ》れていた。

「元気《げんき》そうだね、ばあちゃん! チコにもおみやげがあるんだ。**チコ――!**」

父《とう》さんが呼《よ》んだら、すぐに走《はし》ってくるチコが、その日《ひ》は姿《すがた》を見《み》せない。

いつも自由《じゆう》に野山《のやま》をかけめぐったりしてのびのび遊《あそ》んでいたチコ。人《ひと》なつっこくて、近所《きんじょ》の人《ひと》たちからもかわいがられていた。

「昼間《ひるま》、家《いえ》にいないことが多《おお》くなったのよ」

ばあちゃんが言《い》った。

「村《むら》のあちこちでチコを見《み》かける人《ひと》がいてね。春《はる》に亡《な》くなったおじいちゃんを探《さが》しているんじゃないかって、うわさになっているのよ」

チコはじいちゃんの行《い》くところには、どこへでもついていっていた。

その日《ひ》の夕方《ゆうがた》、チコは帰《かえ》ってきたが、夕《ゆう》飯《はん》を食《た》べると、犬小屋《いぬごや》に入《はい》ってねむってしまった。

翌朝《よくあさ》。父《とう》さんが6時《じ》に起《お》きると、チコはもういなかった。

（こんな朝早《あさはや》くからいったいどこに行《い》っているんだ？）

朝《あさ》ごはんのあと、父《とう》さんはばあちゃんと、じいちゃんの好《す》きだったナデシコの花《はな》を庭《にわ》でつんで、お墓参《はかまい》りに出《で》かけた。

お墓《はか》に着《つ》くとばあちゃんが、「あらっ？またたわ！」と声《こえ》をあげた。

ナデシコや野《の》の花《はな》が置《お》かれている。

「この前《まえ》も、こういうことがあったのよ」

父《とう》さんとばあちゃんは、ふしぎそうに顔《かお》を見合《みあ》わせた。

翌朝《よくあさ》。父《とう》さんは5時《じ》に起《お》きた。チコがどこへ行《い》くのか、知《し》りたかったからだ。

チコは朝《あさ》ごはんを食《た》べ終《お》え、水《みず》を飲《の》んでいた。それから、体《からだ》をぶるっと、ひとふりすると、庭《にわ》に出《で》て、1本《ぽん》の花《はな》を口《くち》で折《お》ろうとした。

(ナデシコだ!　まさか……)

チコは口《くち》で折《お》ったナデシコを、一度《いちど》地面《じめん》に置《お》き、そっとくわえ直《なお》すと、歩《ある》き出《だ》した。

すずしい朝《あさ》の風《かぜ》が吹《ふ》いてきて、チコのふさふさのしっぽをなでていく。

父《とう》さんはチコのあとを追《お》いかけながら、チコの毛並《けな》みが、じいちゃんがいたころと同《おな》じように、きれいなことに気《き》がついた。

きっと、村《むら》のあちこちで、みんなになでられているのだろう。

チコは峠《とうげ》への道《みち》を進《すす》んだ。

この峠《とうげ》のとちゅうにじいちゃんのお墓《はか》がある。

チコはお寺《てら》の石段《いしだん》を上《あ》がっていく。ハアハアと息《いき》をしながらも、ナデシコは落《お》とさない。

広《ひろ》い墓地《ぼち》の曲《ま》がりくねった小道《こみち》も、チコは迷《まよ》わない。そして……じいちゃんのお墓《はか》に着《つ》いた。

チコは昨日《きのう》父《とう》さんたちがあげた花《はな》の前《まえ》にナデシコを置《お》き、安心《あんしん》したように腹《はら》ばった。

「チコっ！」

父《とう》さんはチコに走《はし》りよった。

「じいちゃんのこと今《いま》も大好《だいす》きなんだな！」

じいちゃんがやっていたように、しゃがんで背中《せなか》をなでながら、話《はな》しかけた。

チコは父《とう》さんを見上《みあ》げ、「クウーン」と、鳴《な》いた。

「そのとき、じいちゃんが亡《な》くなってから、初《はじ》めてチコのあまえたうれしそうな声《こえ》を聞《き》いたんだ」

父《とう》さんはほんの昨日《きのう》のできごとのように、ぼくに話《はな》した。

超カンドー！
キセキのどうぶつ物語
第《だい》25話《わ》

# グッド！ハル

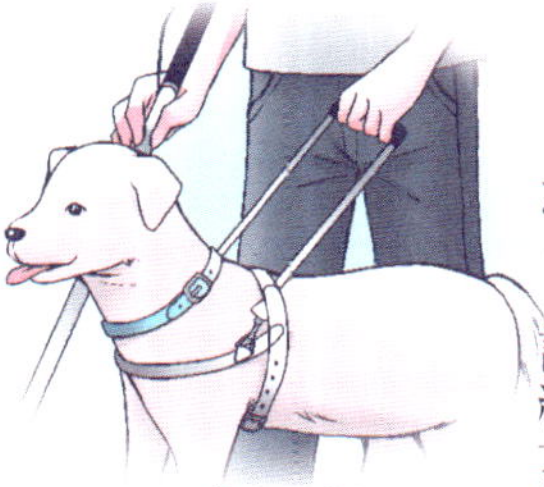

広志《ひろし》は小学生《しょうがくせい》のころ、盲導犬《もうどうけん》に会《あ》ったことがある。目《め》の不自由《ふじゆう》な人《ひと》と電車《でんしゃ》に乗《の》ってきた。乗《の》っている間《あいだ》、飼《か》い主《ぬし》の足《あし》もとで腹《はら》ばい、ワンとも鳴《な》かず、あたりのようすを見《み》ていた。それが忘《わす》れられず、大《おお》きくなったら、訓練士《くんれんし》になろうと決《き》めた。

　盲導犬《もうどうけん》は目《め》の不自由《ふじゆう》な人《ひと》が、社会《しゃかい》で活動《かつどう》しやすいように助《たす》けるのがおもな役目《やくめ》。いっしょに家《いえ》の外《そと》を歩《ある》き、電車《でんしゃ》にも乗《の》り、曲《ま》がり角《かど》や段差《だんさ》、障害物《しょうがいぶつ》の場所《ばしょ》を教《おし》える。その盲導犬《もうどうけん》を育《そだ》てるのが、訓練士《くんれんし》の仕事《しごと》だ。

　あこがれの訓練士《くんれんし》になってはみたものの、広志《ひろし》は苦戦《くせん》している。

　広志《ひろし》が担当《たんとう》しているメス犬《いぬ》、ハルはラブラドールだ。やさしい顔《かお》つき、素直《すなお》な性格《せいかく》が、盲導犬《もうどうけん》に向《む》いているといわれる犬種《けんしゅ》だけど、中《なか》には例外《れいがい》もいる。広志《ひろし》が受《う》けもっているハルも、そうかもしれない。

盲導犬《もうどうけん》になるための訓練《くんれん》は、人《ひと》の指示《しじ》に従《したが》う基本訓練《きほんくんれん》から始《はじ》まり、飼《か》い主《ぬし》と犬《いぬ》をつなぐ大事《だいじ》な道具《どうぐ》であるハーネスをつけて飼《か》い主《ぬし》を誘導《ゆうどう》する誘導訓練《ゆうどうくんれん》がある。

ハルはハーネスをつける段階《だんかい》でつまずいていた。

「ステイ（＝待《ま》て）、ハル」

指示《しじ》を出《だ》しても、待《ま》てずに遊《あそ》ぼうとじゃれてくる。道《みち》ばたに落《お》ちている物《もの》を口《くち》に入《い》れたりするくせもある。

「ノー（＝だめ）。アウト、アウト（＝口《くち》から出《だ》せ）！」

教《おし》え方《かた》が悪《わる》いのか、またはどのように教《おし》えたらよいのか。広志《ひろし》はなやんでいた。

ハルにくらべたら、同期《どうき》の雄也《ゆうや》が担当《たんとう》しているユキは、優等生《ゆうとうせい》だ。

ユキは訓練《くんれん》のとき、自分《じぶん》の役目《やくめ》がちゃんとわかっているのか、落《お》ち着《つ》いたようすで出《だ》された指示《しじ》にしたがっている。

だけど、休憩時間《きゅうけいじかん》は優等《ゆうとう》生《せい》も劣等生《れっとうせい》もない。ハルは大《だい》の仲《なか》よしのユキと、ボールで大《おお》はしゃぎする。訓練中《くんれんちゅう》は落《お》ち着《つ》いているユキも、ころげ回《まわ》って遊《あそ》ぶ。

「ハーネスをはずすと、まるっきり子《こ》ども

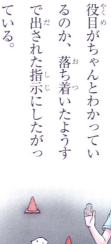

だね」
雄也《ゆうや》が笑《わら》った。

＊＊＊

ある朝《あさ》。訓練所《くんれんじょ》に出勤《しゅっきん》した広志《ひろし》のもとに、雄也《ゆうや》が足首《あしくび》を骨折《こっせつ》して、入院《にゅういん》することになったという連絡《れんらく》が入《はい》った。

ここまで何《なん》か月《げつ》もつみ上《あ》げてきたユキの訓練《くんれん》をとちゅうでやめることはできない。かわりの訓練士《くんれんし》をすぐに見《み》つけることもできない。

けっきょく広志《ひろし》が、ユキの訓練《くんれん》も受《う》けもつことになった。2頭《とう》いっしょの訓練《くんれん》はむりだ。広志《ひろし》はこれまでの2倍《ばい》の時間《じかん》を、訓《くん》練《れん》に費《つい》やすことになった。

広志《ひろし》がユキの訓練《くんれん》に入《はい》ると、ハルは、「クウン、クウン」と、鼻《はな》を鳴《な》らして広志《ひろし》を呼《よ》び続《つづ》ける。

ユキに焼《や》きもちを焼《や》いているのだ。

（じゃれ合《あ》うほど仲《なか》がいいのに、それでも焼《や》きもちを焼《や》くんだな）

広志《ひろし》は情《なさ》けないような、うれしいような、複雑《ふくざつ》な気持《きも》ちで、ハルをなでた。

そのハルが変《か》わったのは、雄也《ゆうや》が入院《にゅういん》して2週間経《しゅうかんた》ったころだった。ユキの訓練《くんれん》を終《お》え、ハルのところへもどり、ハーネスをつける。その瞬間《しゅんかん》、ハルの態度《たいど》が、しゃん！

となるのが、わかった。ユキとそっくりのまなざしで広志《ひろし》を見上《みあ》げ、さあ、訓練始《くんれんはじ》め！ という顔《かお》つきになったのだ。

**ハルが変《か》わった！** 広志《ひろし》の訓練《くんれん》にも、いっそう力《ちから》が入《はい》った。

「ストレート（＝まっすぐ進《すす》め）」「ブリッジ（＝階段《かいだん》を探《さが》せ）」

広志《ひろし》がつぎつぎと出《だ》す指示《しじ》に、ハルは迷《まよ》いなく従《したが》うようになった。

雄也《ゆうや》がユキの担当《たんとう》にもどり、その1か月《げつ》後《ご》、2頭《とう》の路上試験《ろじょうしけん》の日《ひ》が来《き》た。

ユキはなんなく合格《ごうかく》。つぎはハルだ！

広志《ひろし》はアイマスクをつけ、目《め》の見《み》えない人《ひと》の役《やく》になり、ハルのハーネスをにぎった。

通行人《つうこうにん》や車《くるま》の行《い》きかう町《まち》を歩《ある》く。角《かど》を曲《ま》がり、階段《かいだん》を上《あ》がり、横断歩道《おうだんほどう》を渡《わた》る。歩《ほ》道《どう》の放置自転車《ほうちじてんしゃ》も歩行者《ほこうしゃ》のじゃまにならないようたくみによけ、目的地《もくてきち》に到着《とうちゃく》。折《お》り返《かえ》して、無事《ぶじ》に訓練所《くんれんじょ》にもどってきた。

**「グッド（＝いい子《こ》だ）！ ハル。合格《ごうかく》だ!!」**

盲導犬《もうどうけん》には向《む》かないかもとさえ考《かん》えたハルの成長《せいちょう》。

広志《ひろし》は涙《なみだ》をぐっとこらえ、ハルをしっかりと抱《だ》きしめた。

超カンドー！キセキのどうぶつ物語 第《だい》26話《わ》

# パリオンの帰還《きかん》

パリオンは5歳《さい》。茶《ちゃ》トラのオスネコだ。

結花《ゆか》が直樹《なおき》と結婚《けっこん》した直後《ちょくご》に、まだのらの子《こ》ネコだったパリオンが迷《まよ》いこんできた。

結花《ゆか》の好《す》きな「パリ」と、直樹《なおき》が好《す》きな「ライオン」を合体《がったい》させてつけた名前《なまえ》は、パリオン。

だけど、ふたりが「パリオーン！」と呼《よ》んでも、なかなかやってこない。

「なんでかなあ」

結花《ゆか》が不満《ふまん》げに言《い》うと、

「ネコは犬《いぬ》とはちがうんだよ」と、直樹《なおき》は言《い》う。

「パリオンは、ぼくたちの呼《よ》ぶ声《こえ》を、どこかでとろとろねむりながら、聞《き》いてるだけで、しあわせなんだよ」

「ふうん。ネコっておもしろい性格《せいかく》だね」

直樹《なおき》の会社《かいしゃ》の夏休《なつやす》み。「ペットとまれる高原《こうげん》のペンション」に行《い》くことにした。

「あと1時間《じかん》ぐらいのがまんだぞ」

直樹《なおき》は車《くるま》の中《なか》でパリオンに言《い》い聞《き》かせた。

ペンションについて、2日目《かめ》の朝《あさ》。

結花《ゆか》はパリオンと朝《あさ》の散歩《さんぽ》に出《で》かけた。

直樹《なおき》はまだねていた。

結花《ゆか》はパリオンがにげないよう、リードをつけた。

牧場《ぼくじょう》で、牛《うし》たちがのんびりと草《くさ》を食《た》べているのを見《み》ていたときだ。大《おお》きな犬《いぬ》が猛然《もうぜん》と走《はし》ってきた。リードも何《なに》もつけていない。

パリオンは全身《ぜんしん》の毛《け》を逆立《さかだ》てた。

結花《ゆか》はあわててパリオンを肩《かた》に乗《の》せた。

犬《いぬ》はハアハア言《い》いながら、結花《ゆか》に飛《と》びかかり、おしたおした。

おどろいたパリオンは、リードをひきずったまま、一目散《いちもくさん》ににげた。

**「パリオーン！もどっておいで！」**

結花《ゆか》は必死《ひっし》で追《お》いかけた。だけど、パリオンだってにげるのに必死《ひっし》だ。リードを引《ひ》きずりながら、坂《さか》をかけおり、すぐに結花《ゆか》の視界《しかい》から消《き》えていった。

結花《ゆか》は大急《おおいそ》ぎでペンションにもどると、まだねむっていた直樹《なおき》を起《お》こした。

「犬《いぬ》におどろいて、パリオンがにげちゃっ

たの！　なんでリードをはなしちゃったんだろう……わたしってバカ！」

結花《ゆか》は泣《な》いて後悔《こうかい》した。昔《むかし》から「ネコは家《いえ》につく」と、いわれてきた。行動範囲《こうどうはんい》は、せいぜい数《すう》キロともいわれる。

「こんなにはなれた町《まち》で、迷子《まいご》にさせてしまうなんて……」

落《お》ちこむ結花《ゆか》に、

「あきらめるのはまだ早《はや》いよ。できるだけのことをしよう」

直樹《なおき》が言《い》った。

まず、ペンションのオーナーに相談《そうだん》した。宿泊客《しゅくはくきゃく》のネコや犬《いぬ》がいなくなるケースは、何回《なんかい》か経験《けいけん》しているそうだ。

すぐに、結花《ゆか》のスマホに保存《ほぞん》しているパリオンの写真《しゃしん》をプリントして、「迷子《まいご》のネコを探《さが》しています」というチラシをつくり、ネコの行《い》きそうな場所《ばしょ》にはってくれた。

ペンションの周囲《しゅうい》も、くまなく探《さが》した。

1日過《にちす》ぎ、2日過《かす》ぎてもなんの手《て》がかりもない。

3日目《かめ》。直樹《なおき》の仕事《しごと》もあり、ふたりはしかたなく自宅《じたく》にもどってきた。パリオンの気配《けはい》がしない、がらんとした家《いえ》。がらんとした部屋《へや》。

ふたりはだんだん無口《むくち》になっていった。

夕方《ゆうがた》、直樹《なおき》がポストを見《み》にいくと、門《もん》のわきで茶色《ちゃいろ》っぽい何《なに》かが動《うご》いている。よろよろと段差《だんさ》を上《あ》がろうとしている。

ボロボロになってはいるが、まぎれもないパリオンではないか。

直樹《なおき》は信《しん》じられない気持《きも》ちでパリオンをだきあげた。タオルみたいに軽《かる》い。

**「結花《ゆか》！　パリオンだ！　パリオンが帰《かえ》ってきた!!」**

結花《ゆか》が部屋《へや》から飛《と》び出《だ》してきた。

**「あんなに遠《とお》いところから!?　なんてえらいのパリオン!!　ごめんね…ごめんね……」**

体《からだ》にはいくつもの傷《きず》があり、痛々《いたいた》しい姿《すがた》のパリオンを見《み》て、結花《ゆか》はぼろぼろと大粒《おおつぶ》の涙《なみだ》を流《なが》した。

パリオンはふたりを見上《みあ》げ、かすれた声《こえ》でひと声鳴《こえな》いた。

峠《とうげ》、川《かわ》、たくさんの町《まち》や村《むら》を、いったいどうやって歩《ある》いてきたのだろう。パリオンの3日間《かかん》の旅《たび》は、今《いま》もなぞのままだ。

超カンドー！
キセキのどうぶつ物語
第《だい》27話《わ》

# ぼくとキラのキズナ

ぼくの勤務先《きんむさき》は動物園《どうぶつえん》だ。3年目《ねんめ》の今年《ことし》、キラの飼育担当《しいくたんとう》チームに入《はい》った。

キラはオランウータンの赤《あか》ちゃん。赤茶《あかちゃ》色《いろ》のもじゃもじゃの毛《け》、名前《なまえ》のとおりきらきらの目《め》が愛《あい》らしい。

けれど、かんじんのキラの母親《ははおや》は、キラをいとおしいと思《おも》うどころか、母乳《ぼにゅう》をあたえようとすらしない。母親《ははおや》も育《そだ》て方《かた》がわからないのだ。

飼育《しいく》チームが母親《ははおや》のかわりをしないと、キラは死《し》んでしまう。

人工飼育《じんこうしいく》が始《はじ》まった。

ぼくたちはキラを保育室《ほいくしつ》に入《い》れ、昼夜交代《ちゅうやこうたい》で世話《せわ》をした。おむつをかえ、ミルクを飲《の》ませ、キラはすくすく成長《せいちょう》していった。

ぼくは動物園《どうぶつえん》にいる間《あいだ》、キラの親《おや》がわりをつとめた。キラもほかの飼育担当《しいくたんとう》のだれよりも、ぼくをたよっているように思《おも》えた。

ぼくはキラと、だっこやおんぶでスキンシップをはかり、離乳食《りにゅうしょく》は大好《だいす》きなバナナ

をまぜて工夫《くふう》した。

大《おお》きくなるにつれてどんどんいとおしさが増《ま》していく。

よく、「ペットと飼《か》い主《ぬし》は顔《かお》が似《に》てくる」という。動物園《どうぶつえん》でも、動物《どうぶつ》とその担当飼育員《たんとうしいくいん》はよく似《に》ているといわれる。ぼくの先輩《せんぱい》たちには、コアラやカバ、アリクイなどに似《に》た人《ひと》たちがいて、それぞれの動物《どうぶつ》の飼育《しいく》にかけてはベテランばかりだ。

さて、このぼくはどうだ？

キラがどんなにかわいくても、オランウータンに似《に》るのはごめんだな。


ある日《ひ》。先輩《せんぱい》がぼくに言《い》った。

「明日《あした》から、キラも展示室《てんじしつ》に出《で》るけいこを始《はじ》めてくれ。きみの担当《たんとう》で、な」

ぼくは少《すこ》し心配《しんぱい》になった。

キラと心《こころ》が通《かよ》い合《あ》っている自信《じしん》はあったが、キラをどうやったら仲間《なかま》の群《む》れにはなせるかについては、不安《ふあん》が大《おお》きかったからだ。

動物園《どうぶつえん》の動物《どうぶつ》にとって人間《にんげん》に「見《み》られる」ことは生活《せいかつ》の一部《いちぶ》といえる。

小《ちい》さな展示室《てんじしつ》には、樹上生活《じゅじょうせいかつ》をするオランウータンに合《あ》わせて、木《き》にロープを張《は》りめぐらせ、ジャングルをまねしたつくりになっている。

本来森《ほんらいもり》で暮《く》らすオランウータンに、木登《きのぼ》りは必修科目《ひっしゅうかもく》だ。だけど、キラは木《き》にもロープにも関心《かんしん》を示《しめ》さなかった。

（ぼくがあまやかしたせいだろうか？）

ネットで調《しら》べたほかの動物園《どうぶつえん》の赤《あか》ちゃんは、楽《たの》しそうに遊《あそ》んでいるのに、キラはすぐすみっこに行《い》き、バスタオルにくるまってしまう。

ぼくは困《こま》り果《は》てた。考《かんが》えたすえに、キラの野生本能《やせいほんのう》を目覚《めざ》めさせるため、まずぼくが木《き》に登《のぼ》ってみせることにした。


「キラ！　こっちを見《み》てみな。ほら！　こうやるんだ」

片手《かたて》でロープにぶら下《さ》がり、床《ゆか》にこぶしをついて、4本《ほん》あしで歩《ある》いてみせた。

——3日経《かた》ち、1週間《しゅうかん》が経《た》った——

ぼくがいっしょに展示室《てんじしつ》で過《す》ごすようになってから、キラがバスタオルにくるまる時間《じかん》がへった。床《ゆか》をはうぼくの足《あし》にしがみついたり、ぼくの背中《せなか》をふみ台《だい》にしてロープにぶら下《さ》がったりと、活発《かっぱつ》な動作《どうさ》ができるようになってきた。

ぼくがキラに木登《きのぼ》りなどを教《おし》えていることが話題《わだい》となり、展示室《てんじしつ》は大人気《だいにんき》になって

きた。子《こ》どもたちはキャッキャ笑《わら》って喜《よろこ》び、大人《おとな》はぼくたちの写真《しゃしん》をとりまくった。

ある日《ひ》、木《き》の上《うえ》から見《み》おろすと、キラが見《み》えない。ぼくの登《のぼ》った木《き》の根《ね》もとで、長《なが》い手《て》を伸《の》ばしている。

「キラ！　こっちへおいで！　登《のぼ》ってごらん」

ぼくが呼《よ》ぶと、キラの長《なが》い手《て》が、しっかりと枝《えだ》の分《わ》かれ目《め》をつかんだ。危《あぶ》なっかしい足《あし》どりで登《のぼ》ってくると、ぼくの胸《むね》めがけて飛《と》びついてきた。

「すごいぞ！　キラ。いい子《こ》だな！」

ぼくとキラは、木《き》の上《うえ》でだき合《あ》った。

「あいつ、最近《さいきん》、オランウータンにそっくりになってきたな」

先輩《せんぱい》たちの大声《おおごえ》が、展示室《てんじしつ》まで聞《き》こえてきた。だけど、ふしぎにいやじゃなかった。

# わが家《や》のゴン・キセキの復活《ふっかつ》

かすみの家族《かぞく》は、5年生《ねんせい》のかすみ、両親《りょうしん》の3人《にん》。1年前《ねんまえ》のかすみの誕生日《たんじょうび》に、ゴンが加《くわ》わって、にぎやかになった。

ゴンはテリアの雑種《ざっしゅ》だ。黒《くろ》い目《め》がつぶらで、とてもかわいい。ワンワン鳴《な》いたり、スリッパをかじったりするいたずらまで、かわいく思《おも》える。

そのゴンが、お母《かあ》さんと散歩中《さんぽちゅう》に交通事故《こうつうじこ》にあってしまった。バイクにひかれうしろの右《みぎ》あしを関節《かんせつ》の下《した》から失《うしな》ったのだ。

「獣医《じゅうい》さんが、もう、歩《ある》けないかもしれないって……」

お母《かあ》さんは泣《な》きくずれた。

もうすぐ夏休《なつやす》みのかすみ。本当《ほんとう》なら一年《いちねん》で一番楽《いちばんたの》しい期間《きかん》なのに、ゴンが動物病院《どうぶつびょういん》に入院《にゅういん》。つらくて、かわいそうで、もうたまらない気持《きも》ちだ。

お母《かあ》さんとふたりで、お父《とう》さんが休《やす》みの日《ひ》は3人《にん》で、毎日必《まいにちかなら》ず面会《めんかい》に行《い》った。面会《めんかい》のたびに、ゴンの傷《きず》が少《すこ》しずつよくなっていると聞《き》くのが、何《なに》よりもうれしかった。

かすみの夏休《なつやす》みが始《はじ》まった日《ひ》に、ついにゴンは退院《たいいん》した。うしろあしにはまだ包帯《ほうたい》が巻《ま》かれて痛々《いたいた》しいけど、家《いえ》に帰《かえ》ってこられて本当《ほんとう》によかった。

「患部《かんぶ》をぶつけないようにしてね。暑《あつ》くて化膿《かのう》しやすいので、この薬《くすり》をきちんと飲《の》ませてください」

先生《せんせい》は化膿《かのう》どめの薬《くすり》を渡《わた》した。

家《いえ》に着《つ》くと、お父《とう》さんはゴンをだっこしたまま、リビングに連《つ》れていった。リビングの床《ゆか》の上《うえ》には、水色《みずいろ》のきれいなマットが、ゴンの帰《かえ》りを待《ま》っていた。

「ゴン！　退院《たいいん》おめでとう。新《あたら》しいマット、みんなからのお祝《いわ》いだよ」

かすみが言《い》うと、ゴンはだかれたまま、ほんのちょっぴり、しっぽをふった。これまでのように、あまえた声《こえ》で、「クウン」とは、鳴《な》かなかった。

お父《とう》さんは新《あたら》しいマットに、そっとゴンをおろした。

ゴンはおろされたままの横座《よこずわ》りで、何《なに》かを考《かんが》えているように見《み》えた。

「3週間《しゅうかん》ぶりに帰《かえ》ってきたわが家《や》はどうだい？　ゴン」

お父《とう》さんが聞《き》くと、ゴンはまた少《すこ》し、しっぽをふった。だけど、それっきり。

**「みんなでゴンの回復《かいふく》をおうえんするからね」**

お母《かあ》さんが言《い》った。

**「そうだよ。ゴンは大事《だいじ》な家族《かぞく》の一《いち》員《いん》なんだから」**

かすみが言《い》った。その間《あいだ》も、ゴンの小《ちい》さな目《め》は、そわそわと落《お》ち着《つ》かない。

「こわかったのね、きっと」

泣《な》き虫《むし》のお母《かあ》さんは、めそめそした。

1週間後《しゅうかんご》、ゴンの包帯《ほうたい》はとれた。薬《くすり》も飲《の》まないですむようになった。

だけど、ゴンの表情《ひょうじょう》は晴《は》れ晴《ば》れしない。名前《なまえ》を呼《よ》んでも、返事《へんじ》しない。

「ねてばっかり、だっこばっかりでは、ゴンの筋肉《きんにく》は弱《よわ》くなってしまう。少《すこ》し外《そと》へ連《つ》れ出《だ》してみよう」

お父《とう》さんが言《い》い出《だ》し、かすみが赤《あか》ちゃんのとき使《つか》っていたベビーカーに乗《の》せて、散歩《さんぽ》することになった。

ゴンの体《からだ》がゆれすぎないようにクッションで固定《こてい》して、さあ、出発《しゅっぱつ》！

真昼《まひる》の暑《あつ》さをさけ、すずしくなった夕方《ゆうがた》、

清水川《しみずがわ》までの散歩《さんぽ》だ。

清水川《しみずがわ》の浅瀬《あさせ》で、バシャバシャ水《みず》をはねかすのが、ゴンは大好《だいす》きだったから……。

見慣《みな》れたいつもの清水川《しみずがわ》まで来《く》ると、ゴンがベビーカーの中《なか》で、きょろきょろし始《はじ》めた。

かすみはそれだけでうれしかった。

つぎの日《ひ》から、毎日《まいにち》、朝夕《あさゆう》、かすみとお母《かあ》さんの、ゴンの散歩《さんぽ》が始《はじ》まった。

ゴンの表情《ひょうじょう》が生《い》き生《い》きしてきた。ドッグフードもよく食《た》べた。

「かすみ！　かすみ！」

ある朝《あさ》、お母《かあ》さんの呼《よ》ぶ声《こえ》で、かすみは飛《と》び起《お》きた。リビングに行《い》くと、いつもなら、マットでねているゴンが、ひょこたん、ひょこたんと歩《ある》いている！

**「すごい！　すごいよ、ゴン！」**

かすみはさけんだ。

**「ワン！」**

ゴンは得意《とくい》そうな顔《かお》で元気《げんき》に返事《へんじ》した。

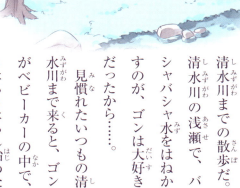

超カンドー！
キセキのどうぶつ物語
第《だい》29話《わ》

# 母《はは》ネコの究極《きゅうきょく》の愛《あい》

莉奈《りな》は4月《がつ》に大学《だいがく》に入学《にゅうがく》したばかり。「メープル荘《そう》」というアパートで、初《はじ》めてのひとり暮《ぐ》らしをしている。実家《じっか》からはなれ、まだ友《とも》だちもできず、ホームシック寸《すん》前《ぜん》だ。

ある日《ひ》の夕方《ゆうがた》。大学《だいがく》から帰《かえ》ると、アパートの名前《なまえ》にもなっている大《おお》きなカエデ（＝メープル）の木《き》の下《した》にネコがいた。

うすよごれた白《しろ》い毛並《けな》み、やせているのに、おなかだけがたらんと垂《た》れている。

ネコは足《あし》にすり寄《よ》ってきて、「ニャン」と、不《ふ》安《あん》そうに小《ちい》さく鳴《な》いた。

実家《じっか》にも「チョコ」と名《な》づけた白《しろ》ネコがいる。背中《せなか》をなでると、チョコの毛《け》の感触《かんしょく》が、一《いち》度《ど》にわっと、よみがえってきた。

「名前《なまえ》はなんていうの？　メープル荘《そう》に来《き》たから、メープルって名前《なまえ》にする？」

莉奈《りな》はやさしく話《はな》しかけた。

「メープル」

莉奈《りな》はたった今《いま》つけた名前《なまえ》を、そっと呼《よ》んでみた。

「ニャン」

メープルは返事《へんじ》した。さっきより安心《あんしん》した鳴《な》き方《かた》に聞《き》こえた。

「これ、食《た》べる？」

莉奈《りな》はお昼《ひる》に食《た》べ残《のこ》したパンをバッグから取《と》り出《だ》し、メープルの前《まえ》に置《お》いた。

がぶっと、メープルがパンをくわえた。よっぽどおなかがすいてたんだ、と見《み》ていると、メープルはパンをしっかりとくわえると、走《はし》り去《さ》った。安心《あんしん》な場所《ばしょ》まで運《はこ》んで、ゆっくり食《た》べるのだろう。

翌日《よくじつ》、洗濯物《せんたくもの》をほしていると、またメープルが現《あらわ》れた。

なんと、子《こ》ネコをくわえている。

「お母《かあ》さんだったんだ！」

莉奈《りな》ははっとした。

（だからパンを食《た》べなかったんだ。子《こ》ネコに運《はこ》んだんだ）

莉奈《りな》の胸《むね》は、きゅんとなった。

子《こ》どもを思《おも》う母《はは》ネコが、故郷《こきょう》の母《はは》を思《おも》い出《だ》させた。口《くち》げん

かや反抗《はんこう》ばかりしていたけど、恋《こい》しくてたまらなくなった。

莉奈《りな》は大急《おおいそ》ぎで冷蔵庫《れいぞうこ》からかまぼこを出《だ》し、食《た》べやすいようにうすくスライスした。

メープル荘《そう》は、ペットは禁止《きんし》。だけど、こんなにやせている母子《ははこ》をほうっておくなんて、莉奈《りな》にはできない。

メープルは自分《じぶん》は食《た》べずに、何回《なんかい》かんでもうまく飲《の》みこめない子《こ》ネコのようすを、心配《しんぱい》そうに見《み》ている。

（そうだ！　離乳食《りにゅうしょく》だ。チョコが子《こ》ネコだったときに、母《はは》がやっていたっけ）

莉奈《りな》はパンを牛乳《ぎゅうにゅう》にひたし、浅《あさ》い器《うつわ》に入《い》れてやった。子《こ》ネコはペチャペチャと、小《ちい》さな音《おと》を立《た》てて食《た》べた。


翌日《よくじつ》も、その翌日《よくじつ》も、激《はげ》しい雨《あめ》になり、メープル母子《ははこ》は現《あらわ》れなかった。

3日目《かめ》の夕方《ゆうがた》。まだやまない雨《あめ》の中《なか》。

（今日《きょう》こそ来《き》ていて！）

莉奈《りな》はいのる気持《きも》ちで帰宅《きたく》した。

するとカエデの木《き》の下《した》に、メープルがいた！　子《こ》ネコは連《つ》れていない。

「ひどい雨《あめ》で連《つ》れてこられなかったのね」

莉奈《りな》は買《か》っておいたキャットフードを、メープルの前《まえ》に置《お》いた。

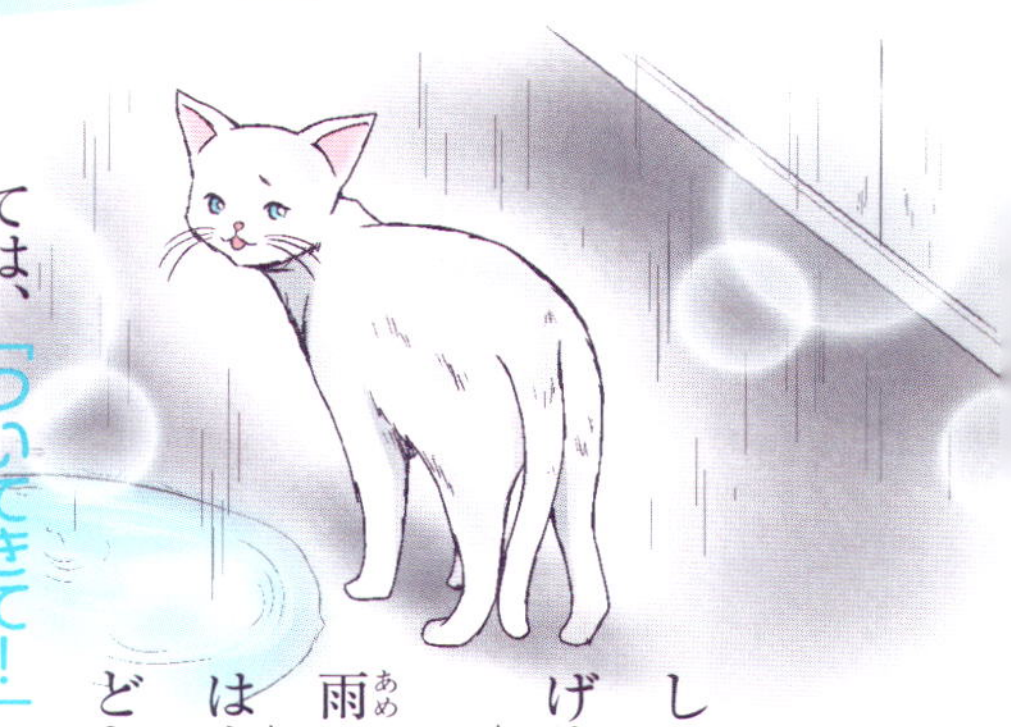

でも、食《た》べようとしない。莉奈《りな》を見上《みあ》げる目《め》が、必死《ひっし》だ。

雷《かみなり》まで鳴《な》り出《だ》した雨《あめ》の中《なか》を、メープルは歩《ある》き出《だ》した。ときどき莉奈《りな》をふり返《かえ》っては、「ついてきて！」という目《め》を向《む》ける。

莉奈《りな》は、メープルのあとを追《お》った。

アパートから少《すこ》しはなれた、草《くさ》ぼうぼうの空《あ》き家《や》に着《つ》いた。物置《ものお》きのかげで、「ミュウミュウ」と、か細《ぼそ》い子《こ》ネコの鳴《な》き声《ごえ》がする。

「ここにいるって、知《し》らせにきたのね！」

莉奈《りな》が言《い》ったとき、稲妻《いなずま》が光《ひか》った。

一瞬《いっしゅん》の光《ひかり》が、鳴《な》いている子《こ》ネコを守《まも》るように横《よこ》たわったメープルを浮《う》き上《あ》がらせた。

メープルは最後《さいご》の力《ちから》をふりしぼって、子《こ》ネコの居場所《いばしょ》を教《おし》えにきたのだ。

莉奈《りな》はカーディガンをぬぎ、メープルとふるえる子《こ》ネコをしっかりくるんで、だいて帰《かえ》った。

超カンドー！

キセキのどうぶつ物語

第《だい》30話《わ》

# ウリン坊《ぼう》の恩返《おんがえ》し

耕太《こうた》は大学《だいがく》3年《ねん》。獣医師《じゅういし》をめざして勉強《べんきょう》中《ちゅう》だ。夏休《なつやす》みが始《はじ》まるとすぐに帰郷《ききょう》し、牧《ぼく》場経営《じょうけいえい》の両親《りょうしん》の手伝《てつだ》いに追《お》われている。

　7月中旬《がつちゅうじゅん》のこと。父《とう》さんが、リヤカーを引《ひ》いて帰《かえ》ってきた。

「耕太《こうた》！　耕太《こうた》！」

　いつもは無口《むくち》な父《とう》さんが、なんだか興奮《こうふん》している。母《かあ》さんも何《なに》ごとかとかけつけた。リヤカーに、段《だん》ボールが乗《の》っていて、がたがた動《うご》いている。

「どうしたの？　何《なに》かつかまえたの？」

　母《かあ》さんが聞《き》くと、父《とう》さんは困《こま》ったようなうれしいような顔《かお》でうなずいた。

　ふたをあけた耕太《こうた》は、目《め》を丸《まる》くした。

**「ウリン坊《ぼう》じゃないか！　かわいいな」**

　この地方《ちほう》では、イノシシの子《こ》どもを「ウリン坊《ぼう》」と呼《よ》ぶ。生《う》まれて半年《はんとし》ほどの間《あいだ》、ウリそっくりの丸《まる》っこい体《からだ》に、ウリそっくりのしましま模様《もよう》が出《で》るからだ。

「牧草地《ぼくそうち》の側溝《そっこう》に落《お》ちて、動《うご》けなくなっていた。どこかケガしてるみたいだ」

「イノシシの被害《ひがい》には、村中《むらじゅう》がぴりぴりしてるけど、まだ子《こ》どもだしねぇ」

母《かあ》さんと耕太《こうた》は、顔《かお》を見合《みあ》わせた。ついきのう《昨日》も、近所《きんじょ》でトウモロコシ畑《ばたけ》やサツマイモ畑《ばたけ》をイノシシにあらされた話《はなし》が出《で》たばかりだったからだ。

どの程度《ていど》のケガか確《たし》かめようと、耕太《こうた》はウリン坊《ぼう》をかかえようとした。

「キーッ、ブヒブヒ！」

ウリン坊《ぼう》が悲鳴《ひめい》をあげた。イノシシは神《しん》経質《けいしつ》だ。ましてや、さっきまで兄弟《きょうだい》や母親《ははおや》といっしょだったとしたら……。

耕太《こうた》はとっさに作業着《さぎょうぎ》をぬぎ、ウリン坊《ぼう》の頭《あたま》をすっぽり包《つつ》み、そっとだき上《あ》げた。こうすると、どうぶつはまず暴《あば》れない。調《しら》べると、前《まえ》あしのつけ根《ね》に血《ち》のあとがある。

「救急箱《きゅうきゅうばこ》、もってきてくれる？」

耕太《こうた》は母《かあ》さんにたのんだ。牛《うし》やヒツジのための救急箱《きゅうきゅうばこ》だ。今度《こんど》は父《とう》さんにだっこをかわってもらい、耕太《こうた》が傷《きず》を消毒《しょうどく》。しみるらしく、またブヒッとひと声鳴《こえな》いたが、ぬり薬《くすり》をぬるときは鳴《な》かなかった。

「こいつ、頭《あたま》いいかもね」

耕太《こうた》が言《い》うと、父《とう》さんと母《かあ》さんは、少《すこ》し

にっこりした。子牛《こうし》を入《い》れるケージにワラをしきつめ、ウリン坊《ぼう》を入《い》れ、子牛用《こうしよう》のほ乳《にゅう》びんで、牛乳《ぎゅうにゅう》を飲《の》ませた。

「傷《きず》がなおったら、牛乳《ぎゅうにゅう》はおしまいだぞ。山《やま》に帰《かえ》ったとき、困《こま》るからな」

耕太《こうた》はウリン坊《ぼう》に言《い》い聞《き》かせた。

朝夕薬《あさゆうくすり》をぬり、ミミズや虫《むし》の幼虫《ようちゅう》などを食《た》べさせるのが、耕太《こうた》の仕事《しごと》に加《くわ》わった。

ウリン坊《ぼう》は耕太《こうた》に鼻《はな》をすり寄《よ》せて、エサをねだるようになった。

傷《きず》も日《ひ》に日《ひ》によくなり、ケージを飛《と》び出《だ》そうと、はねたりする。

「早《はや》めに山《やま》に帰《かえ》したほうがいいぞ」

父《とう》さんに言《い》われなくても、耕太《こうた》にはわかっていた。山《やま》に慣《な》れ、秋《あき》には腹《はら》いっぱいえさを食《た》べ、これからの厳《きび》しい冬《ふゆ》に備《そな》えなくてはならないウリン坊《ぼう》だ。

よく晴《は》れた朝《あさ》、耕太《こうた》は決心《けっしん》した。

段《だん》ボールを二重《にじゅう》にしてウリン坊《ぼう》を入《い》れ、リヤカーに乗《の》せ、山道《やまみち》を奥深《おくふか》くまで登《のぼ》った。

段《だん》ボールをあけると、ウリン坊《ぼう》は山《やま》のにおいに鼻《はな》をぴくつかせ、ふり返《かえ》りもせずに姿《すがた》を消《け》した。


2か月後《げつご》。帰京《ききょう》する前《まえ》に耕太《こうた》は山《やま》に登《のぼ》った。もう、秋《あき》の風《かぜ》が吹《ふ》いていた。

「ウリン坊《ぼう》！」

遠慮《えんりょ》がちに呼《よ》んでみた。落《お》ち葉《ば》が、さらさらと散《ち》るばかり。

「ウリン坊《ぼう》ー！」

今度《こんど》は大《おお》きな声《こえ》で呼《よ》び、じっと耳《みみ》をすました。やっぱり落《お》ち葉《ば》の音《おと》ばかり。

「おれの声《こえ》なんて、もう忘《わす》れたかなあ」

うつむいて、帰《かえ》りかけたそのとき。

やぶの中《なか》から、だだーっと何《なに》かが飛《と》び出《だ》してきた。

しましまが少《すこ》しうすれ、大人《おとな》っぽくなってはいるが、ウリン坊《ぼう》ではないか！

ウリン坊《ぼう》は大《おお》きな目《め》で耕太《こうた》を見上《みあ》げ、耕《こう》太《た》のにおいをかぎ、鼻《はな》の強《つよ》い力《ちから》でお尻《しり》をおしてくる。おされるのを楽《たの》しんでいた耕太《こうた》の前《まえ》に、ぱあっと、クリ色《いろ》のキノコが広《ひろ》がっているのが見《み》えた。

「おーっ！　クリタケじゃないか。こーんなにいっぱい。すごいぞ！　ウリン坊《ぼう》」

耕太《こうた》が言《い》うと、ウリン坊《ぼう》は得意《とくい》そうに、

「ブヒブヒ」と、鼻《はな》を鳴《な》らし、ひとしきり耕太《こうた》に鼻《はな》をすり寄《よ》せると、お尻《しり》をふりふり落《お》ち葉《ば》の森《もり》に消《き》えていった。

超カンドー！キセキのどうぶつ物語 第《だい》31話《わ》

# ネコのマザーテレサ

動物愛護《どうぶつあいご》センターには、毎日犬《まいにちいぬ》やネコが運《はこ》びこまれる。大人《おとな》の犬《いぬ》やネコ、子犬《こいぬ》や子《こ》ネコ。血統書《けっとうしょ》つきかと思《おも》われるような犬《いぬ》から、のらネコまで、さまざまな種類《しゅるい》の犬《いぬ》やネコだ。ときには、ハムスターなどが保護《ほご》されることもある。

わたしはこの愛護《あいご》センターで、ボランティアをしている。夫《おっと》も中学生《ちゅうがくせい》の息子《むすこ》も、家族《かぞく》みんなが動物好《どうぶつず》きなので、動物《どうぶつ》ボランティアの活動《かつどう》にも理解《りかい》がある。

ボランティアを始《はじ》めて、もう3年目《ねんめ》なので、さまざまな動物《どうぶつ》が運《はこ》びこまれるのには、慣《な》れているつもりだった。

けれど、この冬《ふゆ》の初《はじ》めに運《はこ》びこまれた段《だん》ボール箱《ばこ》を見《み》たときは、本当《ほんとう》におどろいた。夜《よ》つゆ

にぬれた段《だん》ボールに、大人《おとな》のネコと子犬《こいぬ》が、いっしょに入《はい》っていたのだったから。

これまでの経験《けいけん》では、犬《いぬ》は犬《いぬ》。ネコはネコ。別々《べつべつ》に捨《す》てられたり、飼《か》えなくなった人《ひと》からどうぶつを保護《ほご》したものだった。

段《だん》ボールのネコは三毛猫《みけねこ》で、毛《け》はぼさぼさ。目《め》やにがいっぱいで、目《め》をあけているのがやっと、という感《かん》じだ。子犬《こいぬ》のほうは、ふしぎなほどよく太《ふと》っている。

段《だん》ボールから、まず子犬《こいぬ》を出《だ》そうとすると、ネコが、**「フウー！」**と威嚇《いかく》し、センターの職員《しょくいん》の手《て》を、ぱしっとはたいた。

「おっ！　弱《よわ》ってると思《おも》ったら、すごい力《ちから》だね」

さて、どうしたものか、と見《み》ていると、子犬《こいぬ》がネコのおなかの下《した》にもぐり始《はじ》めた。そしてなんと、おっぱいを探《さが》しあて、飲《の》み始《はじ》めたのだ。

ネコは子犬《こいぬ》の母《はは》になり、母乳《ぼにゅう》を飲《の》ませ、子犬《こいぬ》を守《まも》るために職員《しょくいん》を威嚇《いかく》したのだ。

## 「ネコのマザーテレサだ」

わたしは、ものすごく感動《かんどう》して、胸《むね》がきゅんとなった。自分《じぶん》のしあわせよりも、世界中《せかいじゅう》の子《こ》どものしあわせを優先《ゆうせん》させたマザーテレサに、目《め》の前《まえ》のネコが重《かさ》なった。

子犬《こいぬ》は鼻《はな》をフガフガ鳴《な》らし、おっぱいを

飲《の》んでいる。

ネコママは人間《にんげん》を警戒《けいかい》しながら、横《よこ》になって前《まえ》あしで子犬《こいぬ》をおさえ、おっぱいを飲《の》ませやすい姿勢《しせい》をとっている。

わたしがあまりに感動《かんどう》するので、ネコマ

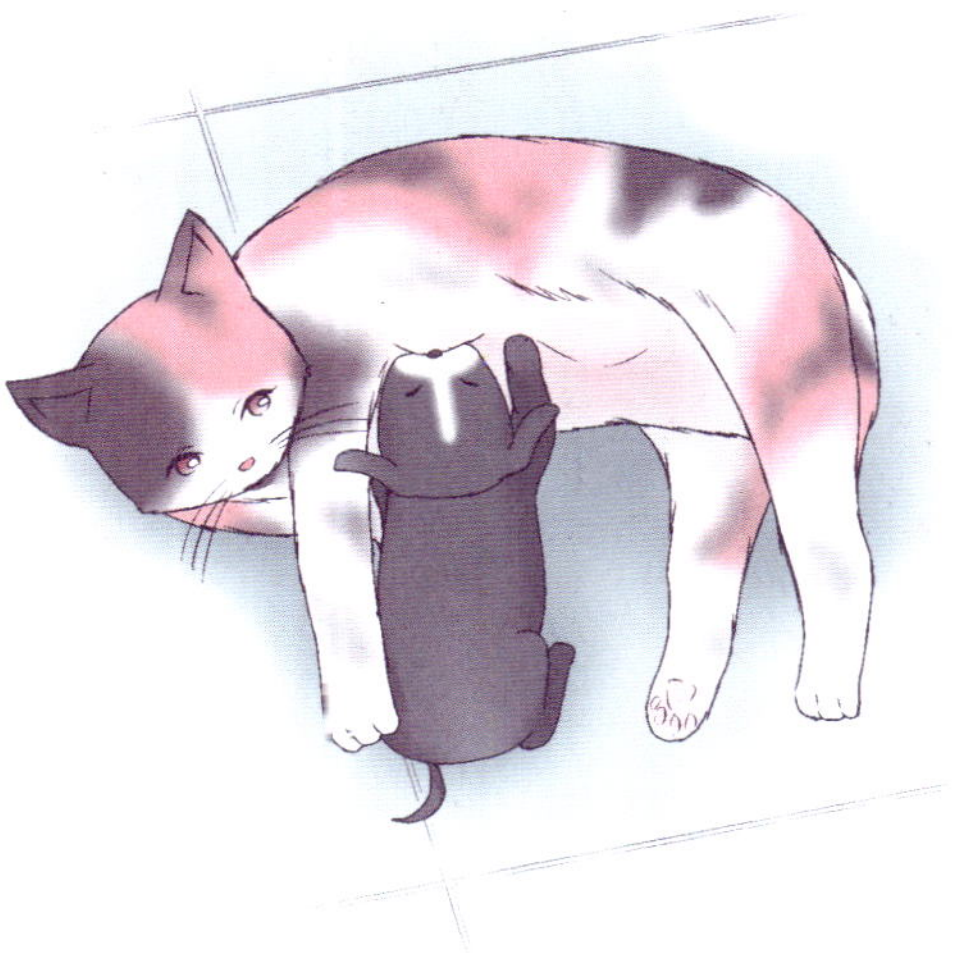

マのセンターでの名前《なまえ》は「テレサ」に決《き》まった。子犬《こいぬ》のほうは、せわしなくフガフガ鼻《はな》を鳴《な》らして、おっぱいを飲《の》むので、「フーガくん」。犬《いぬ》にくわしい職員《しょくいん》は、この子犬《こいぬ》は、ボクサーの雑種《ざっしゅ》のようだと言《い》う。
ひとまず親子《おやこ》を刺激《しげき》しないようにして、段《だん》ボールごとケージにおさめた。
朝《あさ》、昼《ひる》、晩《ばん》とペットフードをやり、テレサが落《お》ち着《つ》くまでに、数日《すうじつ》はかかるだろう。センターにいられるのは、ネコも子犬《こいぬ》も1週間《しゅうかん》。それまでに引《ひ》き取《と》り手《て》が現《あらわ》れないと、もう会《あ》えなくなる。
わたしは気《き》が気《き》ではなかった。こんなに

心《こころ》をうばわれる「親子《おやこ》」は、これまでになかった。気持《きも》ちが伝《つた》わったのか、テレサは真《ま》っ先《さき》にわたしに慣《な》れた。わたしはテレサの頭《あたま》やあごをなでた。目薬《めぐすり》をさし、キャットフードをあたえ、健康《けんこう》にも気《き》を配《くば》った。

それにつれて、おっぱいもたっぷり出《で》て、フーガはますますころころに太《ふと》って、かわいらしくなっていった。

ホームページでも里親募集《さとおやぼしゅう》の紹介《しょうかい》をしたが、運命《うんめい》の1週間目《しゅうかんめ》が来《き》ても、引《ひ》き取《と》り手《て》は現《あらわ》れなかった。ショックだった。

こんな親子《おやこ》を、どうして見殺《みごろ》しにできるだろう。

「わが家《や》で引《ひ》き取《と》ります」

と、申《もう》し出《で》た。

このようないきさつがあって、テレサとフーガは、わが家《や》のほかの犬《いぬ》やネコに混《ま》じって、本物《ほんもの》の親子《おやこ》のように過《す》ごしていた。

けれど、フーガが乳《ちち》ばなれするのを見届《みとど》けると、テレサはこつ然《ぜん》と、わが家《や》から姿《すがた》を消《け》した。彼女《かのじょ》は今《いま》ごろ、またほかの子《こ》ネコや子犬《こいぬ》を育《そだ》てているのかもしれない。

姿《すがた》はちがうのに、ひとつの命《いのち》を守《まも》ったテレサ。わけへだてなく愛《あい》を注《そそ》いだテレサの姿《すがた》は、今《いま》もわたしの胸《むね》から消《き》えていない。

超カンドー！キセキのどうぶつ物語 第《だい》32話《わ》

# 運命《うんめい》のアッキーとユッキー

「あのふたりは、赤《あか》い糸《いと》で結《むす》ばれていたのね」

なんていうシーンを、ドラマではよく見《み》るけれど、ありえないと思《おも》っていた。ところが、茜《あかね》の身《み》にもおこったのだ。1頭《とう》の白《しろ》い犬《いぬ》が、茜《あかね》と彼《かれ》を赤《あか》い糸《いと》で結《むす》びつけてくれた。

そもそもの始《はじ》まりは、茜《あかね》が幼稚園《ようちえん》に入園《にゅうえん》した年《とし》にさかのぼる。お父《とう》さんが白《しろ》い柴犬《しばいぬ》をもらってきた。茜《あかね》の「あ」をとって、アッキーと名前《なまえ》をつけ、弟《おとうと》のようにかわいがった。

アッキーは毎朝《まいあさ》、茜《あかね》の幼稚園《ようちえん》の門《もん》まで、お母《かあ》さんと見送《みおく》りにきた。帰《かえ》りもお母《かあ》さんと門《もん》で待《ま》っていた。茜《あかね》が小学生《しょうがくせい》になるまでの3年間《ねんかん》、雨《あめ》の日《ひ》も雪《ゆき》の日《ひ》も——。

茜《あかね》が小学校《しょうがっこう》に入学《にゅうがく》すると、バス通学《つうがく》になった。4月《がつ》、5月《がつ》は、お母《かあ》さんがいっしょにバスに乗《の》って学校《がっこう》までつきそうため、アッキーはついてくることができず、クン

クン鳴《な》いた。

茜《あかね》がひとりでバスに乗《の》れるようになると、またまたアッキーの出番《でばん》がきた。

「バス停《てい》までお母《かあ》さんとアッキーが送《おく》ってくれなきゃ、いやだ！」と、茜《あかね》がだだをこねたからだ。

お母《かあ》さんとアッキーは、毎朝《まいあさ》、バス停《てい》まで送《おく》ってくれるようになった。

ある朝《あさ》、茜《あかね》がバスに乗《の》った直後《ちょくご》に、事件《じけん》がおきた。発車《はっしゃ》しようとしたとき、急《きゅう》にバスの前《まえ》に人《ひと》が飛《と》び出《だ》してきて、あわてた運《うん》転手《てんしゅ》さんが、ブッワーンとクラクションを鳴《な》らしたのだ。

大《おお》きな音《おと》が大《だい》の苦手《にがて》のアッキー。リードをひきずってにげ出《だ》すアッキーを、お母《かあ》さんがあわてて追《お》いかけるのが見《み》えた。茜《あかね》も追《お》いかけたかったけれど、バスは発車《はっしゃ》してしまった。

（お母《かあ》さんがアッキーに追《お》いついて、いっしょに家《いえ》に帰《かえ》れますように！）

けれど、アッキーは帰《かえ》ってこなかった。

それっきり行方不明《ゆくえふめい》になった。

「バス停《てい》まで送《おく》って！」なんてだだをこねさえしなかったらと、茜《あかね》は、くやんでもくやみ切《き》れなかった。

あれから20年《ねん》が経《た》った。茜《あかね》は26歳《さい》になり、小学校《しょうがっこう》の先生《せんせい》になった。

ある日《ひ》、先生《せんせい》の集《あつ》まりに出かけたとき、弓弦《ゆづる》にばったり出会《であ》った。弓弦《ゆづる》とは中学校《ちゅうがっこう》の同級生《どうきゅうせい》で、顔《かお》が合《あ》えば口《くち》ゲンカばかりしていた仲《なか》だった。

「もしかして、茜《あかね》？　泣《な》き虫《むし》の？」

口《くち》を開《ひら》いたとたん、弓弦《ゆづる》がにくまれ口《ぐち》をたたいた。

「弓弦《ゆづる》！　ちっとも成長《せいちょう》してないね」

そう言《い》いながらも、なつかしさでいっぱいになった。

「ちょっと、お茶《ちゃ》でもして帰《かえ》る？」

弓弦《ゆづる》にさそわれて近《ちか》くのお店《みせ》に入《はい》った。

テラス席《せき》で思《おも》い出話《でばなし》に花《はな》を咲《さ》かせていると、白《しろ》い柴犬《しばいぬ》を連《つ》れた女性《じょせい》が、散歩《さんぽ》しているのが見《み》えた。

「アッキーにそっくりだ！」

茜《あかね》が目《め》を丸《まる》くしていると、

「おっ。ユッキーにそっくりだ！」

弓弦《ゆづる》も目《め》を丸《まる》くした。

「まねしないでよ」

「まねじゃないよ。うちにもあの犬《いぬ》とそっくりのがいたんだ。5年前《ねんまえ》に死んでしまったけど」

「うちのアッキーは、わたしが小学校《しょうがっこう》1年《ねん》

生《せい》のとき、迷子《まいご》になっていなくなっちゃったの……」

「えっ！　うちのユッキーは迷《まよ》いこんできた犬《いぬ》だよ。おれが小学《しょうがく》1年《ねん》のときに！」

ふたりは顔《かお》を見合《みあ》わせた。

「写真残《しゃしんのこ》ってる？」

茜《あかね》が聞《き》いた。

「ある、ある。今度見《こんどみ》にこいよ」

つぎの休《やす》みに、茜《あかね》はアッキーの写真《しゃしん》をもって弓弦《ゆづる》の家《いえ》に出《で》かけた。弓弦《ゆづる》と写真《しゃしん》を見《み》せ合《あ》って、アッキーとユッキーが同《おな》じ

犬《いぬ》とわかったときのふたりのおどろき。

ユッキーが迷《まよ》いこんできた日《ひ》のことを、弓弦《ゆづる》のお母《かあ》さんが昨日《きのう》のことのように話《はな》してくれた。名札《なふだ》が「ッキー」としか読《よ》めず、色《いろ》が雪《ゆき》のように白《しろ》かったので「ユッキー」と名《な》づけたこと。弓弦《ゆづる》がランドセルを背負《せお》うと、決《き》まって悲《かな》しげに鳴《な》いたこと。

何《なに》を聞《き》いても、茜《あかね》は泣《な》きっぱなしだった。

それから1年後《ねんご》、茜《あかね》と弓弦《ゆづる》は結婚《けっこん》した。小《ちい》さな家《いえ》を建《た》て、白《しろ》い柴犬《しばいぬ》と赤《あか》ちゃんをむかえるのが、ふたりの夢《ゆめ》だ。

超カンドー！
キセキのどうぶつ物語
第《だい》33話《わ》

# 命《いのち》の恩人《おんじん》・イルカのミクラ

学生時代《がくせいじだい》の夏休《なつやす》みに、美音《みおん》は御蔵島《みくらじま》で初《はじ》めて野生《やせい》のイルカと泳《およ》いだ。青《あお》い海《うみ》の中《なか》で、潜水《せんすい》に慣《な》れない美音《みおん》が、こわごわ泳《およ》いでいるところへ、寄《よ》りそうように近《ちか》づいてきてくれたイルカ！

あのときから、イルカのとりこになり、毎日《まいにち》イルカとふれ合《あ》える調教師《ちょうきょうし》になろうと決心《けっしん》した。

ところが、調教師《ちょうきょうし》になるには思《おも》った以上《いじょう》の海《うみ》の知識《ちしき》や潜水《せんすい》の技術《ぎじゅつ》などが必要《ひつよう》だった。

ものすごいスピードで泳《およ》いだり、イルカのひれにつかまったり、ときには背中《せなか》に飛《と》び乗《の》ったりもする調教師《ちょうきょうし》。

軽々《かるがる》とやってのけ、にっこり笑《わら》って観客《かんきゃく》に手《て》をふっているが、海《うみ》のことからイルカの飼育《しいく》のことまで、はば広《ひろ》く勉強《べんきょう》した結果《けっか》なのだった。

努力《どりょく》のかいあって、美音《みおん》も今年《ことし》から、海《かい》浜公園《ひんこうえん》の調教師《ちょうきょうし》になることができた。念願《ねんがん》

の「にっこり！」をやろう。イルカと一体《いったい》になった演技《えんぎ》を、観客《かんきゃく》に見《み》せよう！

美音《みおん》は張《は》り切《き》った。

美音《みおん》が担当《たんとう》になったのは「ミクラ」という名前《なまえ》のイルカだった。目《め》はいつも、ほほえんでいて、少《すこ》ししゃくれたあごがチャームポイントだ。

ところが、いざ訓練《くんれん》がスタートすると、かわいいだけではすまされなかった。

ミクラは先輩《せんぱい》といっしょだと、とても楽《たの》しそうに並《なら》んで泳《およ》いだり、背《せ》びれにつかまらせたりしていた。

それが、どうしたことだ。

美音《みおん》がいっしょに泳《およ》ごうと近《ちか》づくと、ふりはらう。なでようとすると、いやいやと頭《あたま》をふってていこうする。エサを食《た》べてくれるのが、ただひとつの救《すく》いだった。

つらい日々《ひび》のくり返《かえ》し。

猛《もう》スピードでプールを泳《およ》ぐなんて、とんでもない。背中《せなか》に乗《の》ったり、輪《わ》くぐりをさせるなんて夢《ゆめ》のまた夢《ゆめ》……。

御蔵島《みくらじま》のイルカは、あんなにやさしかったのに。

どうして、ミクラは冷《つめ》たいんだろう。

（なぜ、先輩《せんぱい》の言《い》うことは聞《き》けるの？　わたしの調教《ちょうきょう》のしかたの、どこがいけないの？）

先輩《せんぱい》は、「最初《さいしょ》はみんなそうよ。自分《じぶん》ひとりで泳《およ》ぐんじゃなくて、ミクラとペアで泳《およ》ぐんだってことを意識《いしき》してやってみたら？」と、アドバイスしてくれた。でも、泳《およ》ぎ出《だ》してさわろうとするだけでにげるんだから、ペアで泳《およ》ぐもなにもない。

ねむれない夜《よる》が続《つづ》いた。

それでも、朝《あさ》はやってきた。

ある日《ひ》の練習中《れんしゅうちゅう》、ミクラと少《すこ》し距離《きょり》を置《お》いて泳《およ》いでいると、ぴくぴくっと、右《みぎ》のふくらはぎがけいれんをおこした。

「まずい―」と思《おも》ったが、どうすることもできず、体《からだ》がしずみかけたとき、思《おも》いがけないことがおこった。

ミクラが「キュイーッ」と鳴《な》いて、泳《およ》ぎ寄《よ》ってきたのだ。

ミクラと美音《みおん》の視線《しせん》が、水《みず》の中《なか》で、ぱちっと合《あ》った。

美音《みおん》はミクラの背《せ》びれにつかまった。ミクラは美音《みおん》をかばうように、ゆっくり泳《およ》ぎながら、プールをひとめぐりした。

御蔵島《みくらじま》で、野生《やせい》のイルカと泳《およ》いだときの感覚《かんかく》が、美音《みおん》の全身《ぜんしん》に広《ひろ》がった。

潜水《せんすい》に自信《じしん》がなかった美音《みおん》を、野生《やせい》のイルカが感《かん》じ取《と》ってくれたように、ミクラもまた、美音《みおん》の危機《きき》を感《かん》じ取《と》ってくれたにちがいない。

**きらわれていたわけではなかったんだ！**

「すてきなペアだったよ！」

プールサイドにかけ寄《よ》ってきた先輩《せんぱい》が、拍手《はくしゅ》をしてくれた。

ありがとうございます、先輩《せんぱい》。

ミクラ、助《たす》けてくれてありがとう！

そう言《い》いたかったけれど、あまりのうれしさで、美音《みおん》の言葉《ことば》は声《こえ》にならなかった。

ミクラは美音《みおん》の気持《きも》ちがわかったように、頭《あたま》で美音《みおん》をすくい上《あ》げ、そっとプールサイドにおし上《あ》げてくれた。

＊　＊　＊

その夏《なつ》、海浜公園《かいひんこうえん》のイルカショーでは、美音《みおん》とミクラのペアの「にっこり！」が、観客《かんきゃく》を魅了《みりょう》した。

## どうぶつとふれ合《あ》える♥

# お仕事《しごと》カタログ

大好《だいす》きなどうぶつたちとふれ合《あ》える仕事《しごと》がしたい！　そんなどうぶつ好《ず》きなあなたのために、どうぶつに関《かか》わるお仕事《しごと》をいろいろ紹介《しょうかい》するよ。

### 獣医師《じゅういし》

どうぶつの病気《びょうき》を治療《ちりょう》するのが仕事《しごと》。どうぶつが健康《けんこう》でいるために健康診断《けんこうしんだん》をしたり、飼《か》い方《かた》の指導《しどう》もしてくれる。動物病院《どうぶつびょういん》だけでなく、動物園《どうぶつえん》や水族館《すいぞくかん》など、いろいろな場所《ばしょ》で活躍《かつやく》しているよ。

**獣医師《じゅういし》になるには**

獣医系《じゅういけい》の大学《だいがく》で６年間勉強《ねんかんべんきょう》をし、獣医師国家試験《じゅういしこっかしけん》を受《う》ける。合格《ごうかく》し、獣医師《じゅういし》の免許《めんきょ》をとったあと、動物病院《どうぶつびょういん》などに就職《しゅうしょく》する。

### 訓練士《くんれんし》

警察犬《けいさつけん》や盲導犬《もうどうけん》など、働《はたら》く犬《いぬ》を訓練《くんれん》して一人前《いちにんまえ》にする仕事《しごと》。ペットや飼《か》い主《ぬし》にしつけを教《おし》える家庭犬訓練士《かていけんくんれんし》やトレーナー、しつけインストラクターなどもいるよ。

**訓練士《くんれんし》になるには**

それぞれの訓練所《くんれんじょ》に入《はい》ったり、専門的《せんもんてき》な養成学校《ようせいがっこう》に通《かよ》って訓練士《くんれんし》になることができる。

### 動物看護師《どうぶつかんごし》

動物病院《どうぶつびょういん》で、獣医師《じゅういし》のサポートをする仕事《しごと》。入院《にゅういん》しているどうぶつのお世話《せわ》をしたり、受付《うけつけ》で飼《か》い主《ぬし》さんの対応《たいおう》をするなど、はば広《ひろ》い業務《ぎょうむ》をおこなっているよ。

**動物看護師《どうぶつかんごし》になるには**

資格《しかく》がなくても働《はたら》くことはできるが、専門学校《せんもんがっこう》や大学《だいがく》でどうぶつの看護《かんご》を学《まな》んだあと、資格試験《しかくしけん》を受《う》けたほうが就職《しゅうしょく》しやすい。

## 動物園《どうぶつえん》・水族館《すいぞくかん》の飼育員《しいくいん》

どうぶつの飼育環境《しいくかんきょう》を整《ととの》えたり、お世話《せわ》をする仕事《しごと》。どうぶつのことをお客《きゃく》さんに教《おし》えるのも仕事《しごと》のひとつなので、どうぶつに関《かん》するはば広《ひろ》い知識《ちしき》が必要《ひつよう》だよ。

### 飼育員《しいくいん》になるには

特《とく》に資格《しかく》は必要《ひつよう》ないけれど、どうぶつ関連《かんれん》の学校《がっこう》を卒業《そつぎょう》しているほうが就職《しゅうしょく》の近道《ちかみち》に。公立《こうりつ》の動物園《どうぶつえん》などの場合《ばあい》は、公務員資格《こうむいんしかく》が必要《ひつよう》なことも。

## ペットシッター

旅行《りょこう》などで家《いえ》を留守《るす》にする飼《か》い主《ぬし》さんにかわって、ペットのお世話《せわ》をする仕事《しごと》。どうぶつにくわしいだけでなく責任感《せきにんかん》も必要《ひつよう》になってくるよ。

### ペットシッターになるには

愛玩動物飼養管理士《あいがんどうぶつしようかんりし》などの資格《しかく》をとったり、個人《こじん》で開業《かいぎょう》するためには、動物取扱業《どうぶつとりあつかいぎょう》の登録《とうろく》が必要《ひつよう》だよ。

## トリマー

どうぶつの毛並《けな》みを整《ととの》えたり、カットしたりするペットの美容師《びようし》さん。体《からだ》にふれながらおこなう仕事《しごと》なので、健康管理《けんこうかんり》のお手伝《てつだ》いをすることも多《おお》いよ。

### トリマーになるには

トリマーの専門学校《せんもんがっこう》で学《まな》んだあと、ペットショップやペットサロンで働《はたら》きながら技術《ぎじゅつ》をみがくのが一般的《いっぱんてき》。

## ペットショップスタッフ

お客《きゃく》さんにペットの生態《せいたい》や飼《か》い方《かた》を説明《せつめい》して販売《はんばい》する仕事《しごと》。店《みせ》にいるペットのお世話《せわ》や健康《けんこう》管理《かんり》なども欠《か》かせない仕事《しごと》だよ。

### ペットショップスタッフになるには

専門学校《せんもんがっこう》などでどうぶつについて学《まな》んだり、どうぶつ関連《かんれん》の資格《しかく》があると就職《しゅうしょく》に役立《やくだ》つよ。

## ほかにもまだまだあるよ！

**動物《どうぶつ》カメラマン**
野生動物《やせいどうぶつ》やペットなど、どうぶつを専門《せんもん》に撮《と》るカメラマン。どうぶつの生態《せいたい》などを理解《りかい》しておくことも大事《だいじ》。

**自然保護《しぜんほご》レンジャー**
国立公園《こくりつこうえん》などの自然環境《しぜんかんきょう》を守《まも》ったり、どうぶつを保護《ほご》したりする仕事《しごと》。自然《しぜん》の大切《たいせつ》さを伝《つた》えているよ。

**騎手《きしゅ》**
競走馬《きょうそうば》に乗《の》ってレースに出場《しゅつじょう》する。馬《うま》の調子《ちょうし》を整《ととの》えるのも大事《だいじ》な仕事《しごと》だよ。

**酪農家《らくのうか》**
乳牛《にゅうぎゅう》を飼育《しいく》し、牛乳《ぎゅうにゅう》をつくったり乳製品《にゅうせいひん》を生産《せいさん》したりする仕事《しごと》だよ。

小《ちい》さくてしぐさもキュート♡
人気《にんき》の小動物《しょうどうぶつ》たちを紹介《しょうかい》するよ！

# ウサギってこんなコ！

## 性格《せいかく》

神経質《しんけいしつ》だけど好奇心《こうきしん》おうせい。感受性《かんじゅせい》が強《つよ》く、環境《かんきょう》の変《へん》化《か》にも敏感《びんかん》だよ！　あまえんぼうやがんこなコ、マイペースなコなどいろいろな性格《せいかく》のコがいるよ。

## 体《からだ》の特《とく》ちょう

遠《とお》くの音《おと》まで聞《き》きとることができる長《なが》い耳《みみ》と、自分《じぶん》のうしろまで見《み》える広《ひろ》い視野《しや》をもっているよ。うしろあしが強《つよ》いのでジャンプ力《りょく》はバツグン！

## 好物《こうぶつ》

牧草《ぼくそう》や野草《やそう》、野菜《やさい》を好《この》んで食《た》べるよ。果物《くだもの》も好《す》きだけど、食《た》べすぎると体《からだ》によくないので注意《ちゅうい》しよう。

## チャームポイント

首《くび》をふりふりしながらジャンプをして喜《よろこ》びをあらわしたり、うしろあしで床《ゆか》をたたいておこったりと、感情豊《かんじょうゆた》かなところが魅力《みりょく》。

## データ

**体《からだ》の長《なが》さ（頭《あたま》からお尻《しり》まで）**：小型種《こがたしゅ》だと30センチくらい

**体重《たいじゅう》**：小型種《こがたしゅ》だと1.5キロくらい

**寿命《じゅみょう》**：平均《へいきん》すると７年《ねん》ほど

**種類《しゅるい》**：小型種《こがたしゅ》と呼《よ》ばれる体《からだ》が小《ちい》さなネザーランドドワーフ、耳《みみ》が垂《た》れているホーランドロップが大人《だいにん》気《き》。フレミッシュジャイアントは体重《たいじゅう》が10キロ近《ちか》くになる大型《おおがた》ウサギだよ

# ハムスターってこんなコ！

**性格《せいかく》**

警戒心《けいかいしん》が強《つよ》くこわがりなコが多《おお》いよ。慣《な》れれば心《こころ》が通《かよ》い合《あ》い、仲《なか》よくなることもできるよ。

**体《からだ》の特《とく》ちょう**

食料《しょくりょう》を巣穴《すあな》へ運《はこ》ぶために、食《た》べ物《もの》をためておく「ほお袋《ぶくろ》」があるよ。一度《いちど》に10匹《ぴき》前後《ぜんご》の赤《あか》ちゃんを産《う》むほど子《こ》だくさん！

**好《す》きな遊《あそ》び**

穴《あな》をほってもぐったり、ものをかじることが好《す》き。回《まわ》し車《ぐるま》で走《はし》るのも大好《だいす》きだよ！

**データ**

**種類《しゅるい》**：ゴールデンハムスター、ジャンガリアンハムスターなどが人気《にんき》。ほかにも種類《しゅるい》がいっぱい！

**体《からだ》の長《なが》さ（頭《あたま》からお尻《しり》まで）**：ゴールデンハムスターは18センチほど、ジャンガリアンハムスターは10センチほど

**体重《たいじゅう》**：ゴールデンハムスターは130グラムほど、ジャンガリアンハムスターは40グラムほど

**寿命《じゅみょう》**：2～3年《ねん》ほど

# インコってこんなコ！

**性格《せいかく》**

かしこくておしゃべりや歌《うた》がじょうず。やさしいコや気《き》が強《つよ》いコなど性格《せいかく》は種類《しゅるい》によってさまざま。

**体《からだ》の特《とく》ちょう**

黄色《きいろ》や青《あお》、緑《みどり》、赤《あか》など色《いろ》とりどりの羽《はね》の色《いろ》が魅力的《みりょくてき》。あしやくちばしを器用《きよう》に使《つか》いこなすよ。

**好《す》きな遊《あそ》び**

おしゃべりをしたり、ものをかじったりするのが好《す》き。慣《な》れれば人《ひと》の手《て》に乗《の》ったりもするよ！

**データ**

**種類《しゅるい》**：小型《こがた》のセキセイインコ、中型《ちゅうがた》のオカメインコのほか、大型《おおがた》インコ（オウム）もいるよ

**体《からだ》の長《なが》さ（頭《あたま》からお尻《しり》まで）**：セキセイインコで20センチほど

**体重《たいじゅう》**：セキセイインコで30～40グラムほど

**寿命《じゅみょう》**：セキセイインコで10年《ねん》ほど。大型《おおがた》インコだと50年《ねん》以上《いじょう》も

## フェレットってこんなコ！

**性格《せいかく》・特《とく》ちょう**

いつも陽気《ようき》で好奇《こうき》心《しん》おうせい。夜行《やこう》性《せい》なので夜《よる》になると元気《げんき》いっぱい！　胴長《どうなが》短足《たんそく》で体《からだ》がやわらかいから、せまい場所《ばしょ》にもぐりこむのが大好《だいす》き。

**ここがかわいい**

社交的《しゃこうてき》で遊《あそ》ぶのが大好《だいす》き。人《ひと》にも慣《な》れやすいから、いっしょに遊《あそ》ぼうとさそってくれることも！

## モルモットってこんなコ！

**性格《せいかく》・特《とく》ちょう**

ちょっぴりこわがりだけど、かしこくてやさしい性格《せいかく》だよ。短《みじか》い毛《け》や長《なが》い毛《け》、巻《ま》き毛《げ》タイプなど、いろいろな毛並《けな》みのコがいるよ。

**ここがかわいい**

まん丸《まる》とした体型《たいけい》と、キュイキュイと鳴《な》くかわいい鳴《な》き声《ごえ》がキュート！

## シマリスってこんなコ！

**性格《せいかく》・特《とく》ちょう**

活発《かっぱつ》に動《うご》き回《まわ》るよ。5本《ほん》のしまと、長《なが》いしっぽがチャームポイント。ほお袋《ぶくろ》に食《た》べ物《もの》をいっぱいつめて巣穴《すあな》に運《はこ》び、秋《あき》のうちに冬眠《とうみん》に備《そな》えてたくわえておくよ。

**ここがかわいい**

野性的《やせいてき》なところが魅力的《みりょくてき》。しっぽの毛並《けな》みを整《ととの》えるしぐさもかわいいよ！

# ほかにもこんなペットがいるよ！

ちょっぴり変《か》わったペットもいるよ。
意外《いがい》な魅力《みりょく》に気《き》づけるかも！

## ハリネズミ

ネズミじゃなくてモグラの仲間《なかま》。ちょっぴりこわがりだけど好奇心《こうきしん》おうせい。イガグリみたいに体《からだ》を丸《まる》めて身《み》を守《まも》るよ。

お世話《せわ》のしやすさ ★★☆☆☆

## リスザル

長《なが》いしっぽの小型《こがた》のサル。活発《かっぱつ》でかしこく、木登《きのぼ》りもじょうず。トイレを覚《おぼ》えないので飼《か》うのはちょっと大変《たいへん》かも。

お世話《せわ》のしやすさ ★☆☆☆☆

## フクロモモンガ

時間《じかん》をかけてじょうずに接《せっ》すれば仲《なか》よくなれるよ。夜行性《やこうせい》なので夜《よる》になると活発《かっぱつ》に。グライダーのように手足《てあし》を広《ひろ》げて滑空《かっくう》するのが得意《とくい》。大《おお》きな目《め》がチャームポイント！

お世話《せわ》のしやすさ ★★☆☆☆

## プレーリードッグ

リスの仲間《なかま》で子犬《こいぬ》のようにキャンと鳴《な》くのが特《とく》ちょう。ものをかじるのが大得意《だいとくい》。人《ひと》なつっこい性格《せいかく》なので慣《な》れるとてもあまえんぼうになるよ。

お世話《せわ》のしやすさ ★★★☆☆

## 文鳥《ぶんちょう》

和風《わふう》なふんいきだけど東南《とうなん》アジア原産《げんさん》の小鳥《ことり》。愛情深《あいじょうぶか》く、さまざまな鳴《な》き声《ごえ》も楽《たの》しめるよ。ちょっぴり気《き》が強《つよ》いコが多《おお》いかも。

お世話《せわ》のしやすさ ★★★★☆

## 第《だい》34話《わ》

# みんな友《とも》だち

山《やま》や海《うみ》で暮《く》らす野生《やせい》どうぶつ、
動物園《どうぶつえん》で飼育《しいく》されているどうぶつ、
そして、人間《にんげん》といっしょに
生活《せいかつ》する犬《いぬ》やネコなどのペットも、
わたしたちと同《おな》じ命《いのち》をもった生《い》き物《もの》。

それぞれいっしょうけんめいに
生《い》きているんだ。

だから、
この世界《せかい》でともに生《い》きる仲間《なかま》だってこと、
忘《わす》れないで。

言葉《ことば》で会話《かいわ》することはできなくても、
どうぶつたちのことをよく理解《りかい》して
愛情《あいじょう》をもって接《せっ》してあげよう。

そうすれば
きっと、気持《きも》ちが通《つう》じ合《あ》えるよ！

青空　純

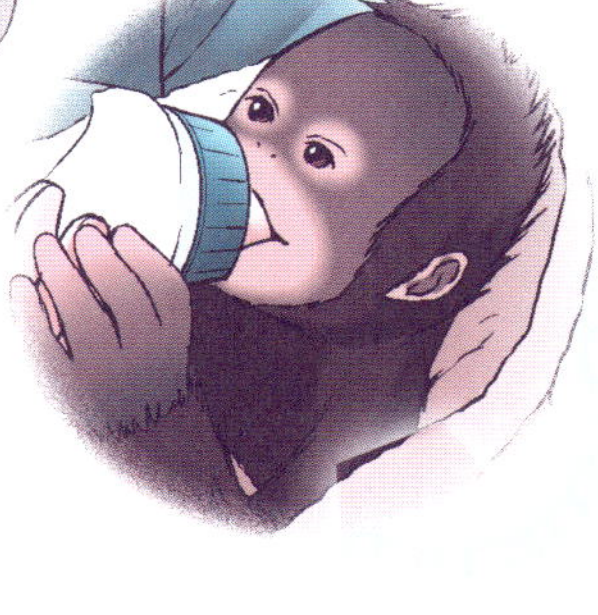

○カバーイラスト ――― 立樹まや
○カバーデザイン ――― 棟保雅子
○本文マンガ・イラスト ― 立樹まや　千秋ユウ　ひのもとめぐる
イチノセ奏　酒井だんごむし　ことり
楡　へちま　あまねみこ　とき　chizuru
○ストーリー ――― 金田妙　西沢杏子
○執筆協力 ――― 章月綾乃　大野瑞絵
○本文デザイン・DTP ― 棟保雅子　チャダル 108
○編集協力 ――― 株式会社アルバ

★「ミラクルラブリー♡どうぶつ写真館」に登場してくれたどうぶつたち
いちご、オシ、けむり、ニナ、ハッピー、モカ、ルナ、りぼん、ココ

ミラクルラブリー♡
感動《かんどう》のどうぶつ物語《ものがたり》

2015年1月15日発行　第1版
2015年7月15日発行　第1版　第5刷
●編著者 ――― 青空 純［あおぞら じゅん］
●発行者 ――― 若松 和紀
●発行所 ――― 株式会社西東社《せいとうしゃ》
〒113-0034 東京都文京区湯島 2-3-13
営業部：TEL（03）5800-3120　FAX（03）5800-3128
編集部：TEL（03）5800-3121　FAX（03）5800-3125
URL：http://www.seitosha.co.jp/

ISBN978-4-7916-2268-9